强大

要相信

你比想象中

龙隐 著

文汇出版社

图书在版编目（CIP）数据

雷军：你要相信你比想象中强大 / 龙隐著.—上海：文汇出版社，2014.7
ISBN 978-7-5496-1229-1

Ⅰ.①雷… Ⅱ.①龙… Ⅲ.①雷军–生平事迹 Ⅳ.①K825.38

中国版本图书馆CIP数据核字（2014）第152443号

雷军：你要相信你比想象中强大

出 版 人 / 桂国强
作　　者 / 龙　隐
责任编辑 / 戴　铮
封面装帧 / 嫁衣工舍
出版发行 / 文匯出版社
　　　　　上海市威海路755号
　　　　　（邮政编码200041）
经　　销 / 全国新华书店
印刷装订 / 北京凯达印务有限公司
版　　次 / 2014年9月第1版
印　　次 / 2014年9月第1次印刷
开　　本 / 710×1000　1/16
字　　数 / 183千字
印　　张 / 15

ISBN 978-7-5496-1229-1
定　价：32.80元

还好，

上帝给"米粉"送来了雷军！

> 每一次创新，都暗含着一个未知的领域；
> 每一次奋斗，都饱含着耐人寻味的故事。

雷军，他是一个聪明人：大学三年级时就是百万富翁，
靠的是帮人开发软件赚到了"第一桶金"；

他是一个能够坚持的人：是他的坚持，最终带领团队帮助金山完成上市，
成为如今最大的多元化民族软件企业；

他是一个有梦想的人：从前作为天使投资人帮助创业者实现自己的梦想，
如今重踏创业路，实现自己建立一个受世界尊敬的企业的梦想。

你要相信
你比想象中强大

很励志！大佬创业也不易，值得一看。

- **如果您是一位老板，在这本书里，**
  可以看到用人留人并激励人才疯狂创造绩效的故事；

- **如果你是一名销售人员，通过这本书，**
  可以看到绝妙的营销策略，您的业绩可能因此而上升
  十倍、百倍、千倍；

- **如果您是一名讲师，通过这本书，**
  您会看到一个人如何从技术理工男一步步蜕变为天使投资人；

- **如果您是一个正在苦苦找工作的求职者，通过这本书，**
  您会豁然开朗看清自己的前路，而重新开始规划自己的人生；

- **如果，你只是在书店随手拿到这本书的幸运读者，**
  那么，恭喜您，
  您将读到一个真实感人却又充满传奇色彩的创业故事；

愿这本书，能让您从此走向别样精彩的人生……

目录

CONTENTS

前言

人生从来就没有限定

第一章

金山风云：雷军没想过自己会这么强

从金山风云到小米崛起，雷军在用实践阐述"只有想不到，没有做不到"的真理。

第二章

雷军的创业梦：万事俱备，为小米跳悬崖

奇迹其实是"苦逼"出来的，比如金字塔，以及从零开始但万事俱备的小米。

第三章

大互联时代：小米的基因都充满了成功

站在风口上，猪都能飞得起，拥有天时地利人和的小米，不成功都没有天理。

第四章

小米为什么能赢——从头到脚都在颠覆

什么叫颠覆？颠覆就是颠倒常规的思维，并且覆盖可用的优势。做到这一点只需要两种东西：一个是胆子，另一个是脑子。

第五章

小米的标准：逼死别人，逼疯自己

逼疯自己是为了追求极致，逼死别人是为了扫清障碍。小米不喜欢大战八百个来回，小米喜欢一招"秒杀"。

第六章

都是干货：省下炒作的工夫干活

炒作是要成本的，持续炒作需要更大的成本。小米把这些成本都节约下来去搞研发了，所以小米火了，很多人急了。

第七章

小米传播学：米粉就是小米的广告

从追明星、追电视剧，到现在的追小米手机，小米成功地让上帝开启了癫狂模式，这叫"论营销手段的重要性"。

第八章

见微知著：小米的背后是一盘大棋

任何一个成功的企业都是有背景的，小米本来没有，但是自己后来造了一个。

第九章

远视才有发展：要做世界的小米！

良好的服务，卓越的性能，这些都是通行世界的语言。这是小米的内在美，也是小米的通行证。

第十章

小米也许比我们想象中更强大

小米一直在进步，至于小米究竟有多强大，也许只有时间知道。

前言
人生从来就没有限定

　　IT 业内，雷军有着"雷校长"的美誉，这个名头来源于雷军出众的口才、演讲时昂扬的激情、他本人展露给外界的强烈的"追梦"味道。一部金山史，皆因雷军书。金山的辉煌尚未冷却，雷军又成功地让小米活跃在时代的前沿。这一切，雷军事先并没有想过，但最终却都成了现实。

　　纵观雷军个人的成长历程，可以说并不是一帆风顺的。1992 年，雷军带领一支几十人的队伍开发盘古组件，花了三年时间。1996 年，盘古组件彻底失败。雷军的理想幻灭，收起了一切幻想，开始安安心心出任金山的总经理。作为总经理的雷军想最大可能地发挥自己的作用，决心把金山带入互联网时代，带入商业时代，并且通过"内部创业"的方式，潜心打造了 B2C 网站卓越网。尽管在短短的四年里，卓越就成为了中国最大的 B2C 购物商城之一，但由于运作起来需要巨大的资金投入，金山难以保证资金供应的稳定性，加上当时公司的发展核心也主要侧重于网络游戏，最终，2004 年 5 月，金山把卓越卖给了亚马逊。然而，接踵而至的不顺并没有阻挡住雷军前进的脚步，反而激发起雷军的斗志，成功地带领着金山左冲右突，艰难地存活下来，并且茁壮成长。成就这一切的，就是雷军的不懈奋斗。

雷军有没有想象过自己的未来呢？当然有。读软件专业的雷军从大学毕业之后便进入了金山，最初的雷军希望自己能够成为一名出色的软件程序编写员，写出一款大卖的程序。雷军在做小米之前，也想过小米可能会是一款不错的手机，却没有想过会到现在这种大红大紫、让业界同行大跌眼镜的地步。所以说，想象是美好的，它给了人生一个比当前状态要好的限定，但人们不知道的是，这种限定有的时候跳一跳就可以突破，前途其实非常深远。

比想象中强大，这是雷军创业路上的精神，也是实际发展过程中坚守的准则。小米之所以能够很快地抢占市场，并且获得足够的用户黏性，成为华为眼中的强劲对手，其中的一个重要原因就是超出了用户的想象。任何一个产品的面市，用户自身的心中都会对其做出一个初步判断，称之为产品的"第一印象"，这一"印象"如果能在用户的心中不断得到刷新，这个产品就是成功的，否则，就是可有可无的备选品，产品也就因此而失去了立足的机会。

时代的发展不需要预言家，只需要实干者。这个要求同样适用于诸多的创业者们。从杀毒软件到翻译软件，从播放器软件到手机应用软件，从网络游戏到投资网站，从手机应用到手机系统……通过不懈的奋斗，雷军不断地积累着自身的实力，并且不断地超越着人们对其寄予的希望。这对于广大的创业者们以及在职场拼搏的工作者们来说，都有很大的借鉴意义。

本书没有条条框框，更没有必须要做到的一二三四，有的就是雷军的奋斗故事和小米的成长点滴，以此作为对广大读者的最好分享。希望所有的奋斗者们能够不为自己设限，超越虚幻的想象，像小米一样，能够从零开始，写出自己的传奇。

第一章
金山风云：雷军没想过自己会这么强

从金山风云到小米崛起，雷军在用实践阐述
"只有想不到，没有做不到"的真理。

一个人真能做到与时俱进，不断地有自己的取与舍，以一种清楚的眼界，让自己确定准则。并且以这样一种心游万仞的自由空间，调整自己的生活秩序，永远保持一种动中的平衡，那么你就不会倒。

金山 16 年：
因爱好而坚守，因成功而身退

　　1991 年 7 月，又是一年毕业季，美丽的武汉大学校园里，到处都弥漫着毕业生离别的伤感，昔日的同窗纷纷踏上新的征程。由于被分配到北京近郊的一个研究所，雷军怀揣梦想，登上了北上的列车，开启了一段全新的人生之旅。这一年，雷军 22 岁。

　　研究所的工作枯燥而无聊，整个研究所的氛围和当时经济领域的产品研发和快速发展明显不合拍。雷军的兴趣并不在研究所，他的爱好一直在计算机方面。好在研究所的待遇很好，雷军记得第一次拿到工资时，居然比做政府官员的父亲还要高很多，这让初到北京的雷军可以不为生活担忧，而把更多的精力投入到对电脑的研究中。

　　那个时候，雷军觉得最有意义的事情就是和中关村的那些精英打交道。只是初来乍到的雷军并不知道，在几年之后，自己也会成为中关村的风云人物，甚至在 20 年之后的 2012 年，还获得"中关村十大年度人物"，并被人们亲切地称为"中关村老人"。

　　曾有人把中关村的历史分为 3 个阶段，第一个阶段以硬件为标志，以四通、联想等企业为代表，由段永基、柳传志等人书写；第二个阶段以软件为标志，以金山、工民等企业为代表，由雷军、求伯君等人书写；第三个阶段以互联网企业为起点，以阿里巴巴、腾讯等企业为代表，由马云、马化腾等人书写。

在软件行业，雷军仰慕的英雄人物正是和雷军一起书写中关村第二阶段历史的求伯君。但是这个名字对当时的雷军而言，近乎是一个神奇而遥远的符号，只能仰望而无法接近。求伯君作为金山软件创始人，不仅风度翩翩，而且年仅 25 岁就开发了一款办公软件的巅峰之作——WPS，这是一款集文字编辑、数据统计、电子排版等多种功能为一体的软件。

1989 年，雷军第一次接触到 WPS 就被其华丽的界面、强大的功能所倾倒。虽然当时最好的文字处理软件是微软的 Word，但是 Word 还没有进入中国。在当时的国人眼中，WPS 是一款完美的软件，雷军甚至将它评为"年度国产最佳软件"。

机缘本身似乎就是一种无形的牵引。1991 年 11 月 4 日，在一个计算机展览会上，雷军见到了仰慕已久的"WPS 之父"求伯君。当天，求伯君身着一件黑色大衣，从容儒雅，光彩照人，颇有成功人士雍容典雅的风范。雷军被求伯君的风度震撼了，认为那就是成功的象征，他还在心里给自己定下了一个目标：做软件就要做到求伯君这样。

在展会上，雷军难掩自己的敬仰和喜悦之情，将一张只印了自己的名字和寻呼机号码的名片递给了求伯君，而求伯君递给雷军的名片上则赫然印着"香港金山副总裁"的头衔。那时，求伯君是中国软件业的领军人物，对于一个匆匆递上名片的年轻人，并没有太多关注。

之后，雷军经朋友介绍，得以与求伯君再一次见面。这一次求伯君开门见山："听别人说你很有编程的天赋，而且在大学期间也搞过不少项目。你的加密和杀毒的软件我都听说过，我觉得你很有潜力，有没有兴趣到金山来工作？"

本以为只是简单的见面，没想到求伯君会提出加入金山的邀请，这有些出乎雷军的意料。雷军当时的想法是与其在研究所浪费生命，不如加入金山这样成熟的科技公司去历练自己。雷军爽快地答应了，没有问工资待遇，也没有考虑当时人们颇为重视的人事关系，而是毅然辞职，跟随求伯君离开北京，去了珠海。

1992年1月，雷军加入珠海金山，成为金山的第六名员工。对于刚刚大学毕业不久的雷军，在跨入金山公司大门的那一刻，他也许不会想到，这一入职就是16年，自己将全部的青春与激情都献给了金山。可能雷军更不会想到的是，在此后注定不平凡的数年内，他将与柳传志、王江民、段永基等人一起，成为中国20世纪90年代第一批成名的IT传奇人物，并推动金山成为那个时期最具传奇色彩的民族软件公司。

从最初的程序员开始，雷军历任北京金山公司开发部经理、金山珠海公司副总经理、北京金山公司总经理等职，并慢慢成长为金山公司的"三驾马车"之一。可以说，虽然求伯君是金山公司的创办人，但真正带领这家公司在商海万尽沉浮的是雷军。

一部金山史，皆因雷军书。

求伯君是整个金山公认的编程员高手中的高手，工程师文化是金山企业文化的核心。雷军从加入金山开始，就希望成为一名高级软件工程师，在金山做出一个和求伯君的WPS一样的产品来证明自己的价值，也实现他内心的一个理想：做出一个能在全球每一个人的电脑上使用的软件。

WPS是金山的主要项目，雷军一进入公司就开始全面接触这个软件的所有代码和设计逻辑，慢慢熟悉了这个软件并且对软件进行升级开发。雷军几乎每天都沉溺于编程之中，工作12小时以上是常有的事情。他的生活在外人看来非常不规律，每天中午开始工作，一直会到第二天凌晨三四点，然后睡很少的几个小时，第二天中午又开始工作。

1992年，雷军带领一支几十人的队伍开发盘古组件，这是一项包括中文操作系统金山皓月、文字处理软件WPS、表格制作双城电子表、金山英汉双向词典、名片管理、事务管理等功能的浩大工程。雷军在整个开发方案上力求完美，希望盘古组件能够实现人们办公所需要的所有功能。那时，他认为这次做的事情对于中国软件业来说是一次开天辟地的创举，所以将这款软件命名为"盘古"。

1995 年 4 月，耗时 3 年时间的盘古组件终于开发成功，金山开始进军 Office 市场。对于金山而言，这是开天辟地的大事；对于雷军和他的团队而言，这是三年磨一剑，经过 1000 多个日日夜夜辛勤劳动的成果。然而，盘古组件在销售中却受到了冷遇。根据 WPS 当时的市场占有率，原本估计销售量在 5000 套左右的盘古组件，6 个月之后却只售出了 2000 套。

1996 年，历时 3 年研发的盘古组件虽然最终失败，市场的冷漠对雷军来说就像是晴天霹雳一般，他不相信自己和团队费尽心血研发的盘古组件市场反响会这么差，但实际上这是雷军编程巅峰期的作品。在开发盘古组件的那段日子里，雷军基本上没有休过周末，每天工作 12~18 个小时，对雷军来说那是一段痛苦的岁月，却也是一个让人陶醉的过程。因为它意味着雷军倾注全部心血书写的无悔青春，一段想起来能够令自己热泪盈眶的岁月。

雷军和金山团队对这一问题进行了一次深入的调研，他们发现，如果软件本身没有问题的话，那么只能说盘古组件出现的时机错了，如果再早两年上市一切都会不同。理想的幻灭让雷军收起了一个程序员的完美追求和浪漫理想，穿上西装打好领带做起了金山总经理。在前有微软，后有盗版的情况下，雷军带领金山打起了游击战术，多点开花。

雷军给金山制定的具体打法是：阵地战加游击战，坚持 WPS 旗帜，坚持以战养战的风格，以稳健的方式推进。后来，WPS97 终于横空出世——这是首款在 Windows 平台上运行的国产文字处理软件。WPS97 推出仅两个多月，就销出 13000 套。

1997 年 5 月，雷军苛领团队开发的词典类工具软件"金山词霸"上市，成为金山继 WPS 之后的第二个战略产品；2000 年，雷军带领金山进军反病毒软件市场，推出的杀毒软件"金山毒霸"迅速在信息安全领域崛起，仅仅用了两年时间，就使金山拿下杀毒市场的半壁江山。虽然取得了很好的成绩，但当时的开发团队压力很大，困难重重，雷军后来回忆道："当年的我们每天像打仗似的，人都接近疯狂了。"

很多优秀的企业都会以上市为目标，进而不断壮大自己，金山也不例外。但是，因为公司的长远发展以及资金问题，金山的上市计划不得不一次次搁浅。雷军带领着金山一步步将业务从应用软件向实用软件、互联网安全软件及网络游戏等领域扩展。这样，从杀毒软件到翻译软件，从播放器软件到手机应用软件，从网络游戏到投资网站，从中国到日本，从越南到东南亚……雷军带领金山左冲右突，艰难地存活下来，并且不断成长。

2007 年 10 月 9 日，为 IPO 苦战 8 年的金山，终于在香港敲响上市的钟声，进入了快速发展的新航道。那一天，雷军疲惫的脸上终于露出了难得的笑容。他虽然笑了，但难掩落寞。虽然他带着金山做软件、做网游、做电子商务都做到细分领域的前几名，但他不是金山的董事长，没有把金山这家软件企业带入互联网时代企业的"第一军团"。环视四周，阿里巴巴在香港上市，百度在纳斯达克上市，企业市值均远远超过金山。

"我从 22 岁到 38 岁，在金山疯了整整 16 个年头，这中间的压力很难表达，像马拉松一样，原来是一个目标，只要把金山做好，并且完成IPO。其实 IPO 只是企业发展的一个阶段，但对我来说像攀登珠穆朗玛峰一样。原来以为只是累了，但是休假 4 周后还是身心疲惫。原来登顶以后还是很疲惫，这是真心话。"雷军的一番话，足以道出 16 年的坚守带给他的那份艰辛。

实际上雷军的累，跟金山的历史、金山的架构、金山的环境有着丝丝入扣的关系，意料之外，但在情理之中。雷军早有离职的打算，但是因为金山迟迟不能上市，他之前当总经理时的承诺无法兑现，对那些跟着自己一直奋斗十余年的伙伴们无法交代。雷军是一个重责任、守信用的人，既然说过要带领金山上市，就一定要实现。金山一天不上市，雷军一天不会离开，因为这是对自己的一个证明，证明他到底是落败而逃还是功成身退。

2007 年 12 月的一个深夜，雷军用一种复杂的心情写了一封邮件："目前，公司进入了一个前所未有的稳定、持续成长的新阶段。经过一段时间的冷静思考，我认为目前自己到了可以从日常工作中脱身的时候。在此，我非常感谢求总，感谢董事会，也特别感谢和我一起并肩作战多年的战友们。今天，我要告诉大家一项重要的决定：我决定辞去 CEO 等日常管理职务……"

离开金山后，雷军选择低调地闭关反思。刚开始的时候，他体会到了尴尬。"你从别人看你的眼光就能感觉到了，那种心态真的不一样，我不想去批评别人，但那就是一种真实的生活，尤其是前半年，很别扭，后来想想也没什么。"雷军说。

为了金山上市的目标苦苦奋斗，却又在上市成功后离开，这使得雷军与媒体的距离变得忽远忽近，他似乎要用保持一定的神秘感来掩盖自己的真实想法。此后 3 年，雷军似乎淡出了人们的视野，成为江湖传说中的隐者。也或许，雷军这样做的目的是让自己的历史归零，以便等待更好的时机，为了心中还未实现的梦想重新出发。

回归金山：
大刀阔斧，只为执行

　　金山的发展历史就是中国 IT 产业的一部缩略史。它赶上了很多机会，比如 WPS，比如单机游戏，但是它也错过了很多机会，不管是做论坛、电商，还是网游，金山都没有看准时机，虽然用尽全力，但机会还是一个个从身边溜走。金山至今仍然算不上是一家成功的公司，不管从公司的整体实力还是细分业务来看，金山都不是行业的佼佼者。

　　但这不是雷军能左右和决定的，他只是金山这个企业的操盘手。金山为了上市，为了财务报表数字，无法投入当时烧钱的互联网。虽然雷军创办了卓越网，但在投资不到位时，也只能卖给亚马逊。

　　金山一直以来投入精力最多的是办公软件，WPS 曾经的发展目标是成为中国市场上的 Office。但事与愿违，WPS 虽然成功地获得了政府采购的订单，可 WPS 的市场占有率，一直不到微软 Office 的 10%。

　　2007 年上市之后，金山真正能够挣钱的项目只有两个：一个是金山的游戏，一个是以金山毒霸为代表的安全服务。但是，这两个方向也不容乐观。游戏方面，金山一直排在十大游戏公司中垫底的位置，而且客户端网游正在逐渐衰退，用户减少。金山安全则因为奇虎 360 的冲击不断地丢城失地，想要守住行业老二的位置都很难，更不要说与其竞争了。

　　这个时候求伯君请辞，当然不仅仅是身体需要休息这么简单，关键是靠他的能力想要盘活这盘棋，可谓事比登天。

这时候求伯君想到了雷军，因为原来雷军就提出过大力发展互联网项目的构想，而且雷军在这几年中作为天使投资人投资了几十家公司，大部分都取得了成功。雷军不论从个人能力、眼界，还是从人脉方面都具有优势，可以说这个时候雷军最适合做金山的董事长，也只有他能够挽救金山。

雷军一开始对是否回归金山还没有想好，倒不是因为别的原因，主要是他已经是多家公司的董事长，而且又在创业做小米，回归金山，他怕自己的精力不够。而且创造一家新公司容易，改造一家老公司却是难上加难。

不过雷军毕竟在金山工作了 16 年，他对金山有着特殊的感情。而且张旋龙和求伯君的真诚也感动了雷军，他实在无法拒绝，心想既然已经 6×24 小时地工作了，也不差这一个金山的董事长。

2011 年 7 月，雷军接手的金山是一个烂摊子。虽然距离他离开金山仅仅只有 3 年多的时间，但是互联网的飞速发展，让这个承载了民族软件业希望的企业越来越难以适应市场的变化，步履维艰。

雷军回归之后，张旋龙和求伯君用实际行动表达了他们对雷军的最大支持——两个人将手中 12.59% 的股份的投票权全部委托给雷军，加上雷军持有金山 10.30% 的股份，雷军拥有金山的绝对决策权。

回归金山之后，雷军先后做了几件大事。

第一件是金山安全与可牛软件公司正式合并，成立新的金山网络公司。原可牛 CEO 傅盛将出任新公司 CEO，雷军和求伯君出任新公司的董事。金山网络公司成立之后，拥有 13 年历史的金山毒霸宣布全面免费。当然免费并不是最终目的，更多是为了向行业霸主 360 安全卫士反戈一击。

金山毒霸在专业杀毒领域有着悠久的历史、专业的研发团队和核心的技术力量，一度占有中国杀毒市场三分之一以上的市场份额。但是 2008 年 360 安全卫士异军突起，凭着免费的优势在短短 3 年时间内占领了中国大部分杀毒市场。金山毒霸用户逐渐减少，连年亏损。雷军通过研究，发现金山毒霸不是输在"是否免费"上，而是输在观念上。

360 安全卫士对用户免费，但是它可以通过网络广告、网络下载等方式赢利。金山毒霸输在不了解网络，所以雷军选择了一家有互联网基因的杀毒软件公司可以合作，以弥补金山毒霸原来的不足。新的公司由金山安全更名为金山网络，在互联网时代，杀毒软件离开网络是无法生存的。

第二件事是与腾讯全面展开合作，与之联姻。事实上两家的合作由来已久，2009 年"三金大战"，360 安全浏览器阻止金山网盾，并且发文指责金山误报 IE7 的漏洞，双方展开口水战，当时腾讯表示支持金山。2010 年，"3Q 大战"，因为 QQ 电脑管家与 360 的竞争关系，360 曝 QQ 电脑管家侵犯用户隐私，双方由口水战升级为互不兼容，最后由中国工业和信息化部调解，双方才实现和解。为了共同对付 360，腾讯积极谋求与金山的合作。2011 年 7 月，腾讯收购了求伯君和张旋龙手中 15.68% 的股份，成为金山第一大股东，并给金山网络注资 2000 万元，支持金山网络的发展。

金山在现阶段接受腾讯联姻对抗 360 有着非常重要的意义，资金的注入以及 QQ 强大的用户群都是金山所缺少的，但与此同时金山也没有放弃对公司决策权的掌握。求伯君和张旋龙把手中剩余 12.59% 股份的法律效力全部委托给了雷军，使雷军成为第一大股东，拥有金山公司的决策权。

雷军做的第三件事是为公司寻找合适的 CEO 人选，这是求伯君在过去几年中一直没有完成的任务。离开金山的这段时间，雷军作为天使投资人投资了许多项目，也认识了很多人。在 IT 界估计很少有雷军这么社交广泛的人，这也是雷军能够找到合适 CEO 的先天优势。

经过千挑万选，成为雷军心中金山软件最佳 CEO 人选的不是别人，就是时任微软亚洲研发集团 CTO（首席技术官）兼微软亚洲工程院院长的张宏江。

选择张宏江，雷军主要看中以下几点：第一，张宏江的专业技能及创新能力，这是雷军认为金山区别于其他互联网公司的核心竞争力，公司的 CEO 必须骨子里有这方面的基因；第二，张宏江的研究背景，他对互联网搜索的研发和对互联网的深刻理解，是金山现在最缺少的；第三，张宏江虽然是技术人员出身，但是从微软亚洲研究院的创立、人才引进、项目管理，到整个集团发展的战略规划，张宏江全部参与过，他先天具有这方面的潜能；第四，张宏江虽然拥有做 CEO 的能力，但是还没有离开微软重新选择过，如果要选择一家和微软文化相近的公司，金山无疑是国内公司中最好的选择。

说到拯救面临衰退的企业，有一本著名的书叫作《谁说大象不能舞蹈》，是传奇经理人郭士纳根据他在 IBM 主持变革的事情而著的。1993 年，郭士纳刚刚接手 IBM 时，这家超大型企业因为机构臃肿和孤立封闭的企业文化已经变得步履蹒跚，亏损高达 160 亿美元，正面临着被拆分的危险，媒体将其描述为"一只脚已经迈进了坟墓"。而在郭士纳掌舵的 9 年间，IBM 持续赢利，股价上涨了 10 倍，成为全球最赚钱的公司之一。

毋庸置疑，雷军任命张宏江担任金山软件的 CEO，也希望张宏江能够把金山带入全新的发展轨道。

金山有着 24 年的历史，算得上是中国 IT 界的元老级公司。但是，比起 IBM，哪怕是张宏江曾经供职的微软，它也只是一家年轻的公司。

张宏江发现，金山最大的问题不是企业老、组织架构老，真正可怕的是员工的心态开始变老了，变得保守，变得没有冲劲，变得缺乏创新精神。

为此张宏江专门给公司的全体员工开了大会,明确了金山要做的第一件事情就是找回曾经的创新精神。在互联网快速发展、IT 业每天都在突飞猛进的年代,一旦失去了创新精神,就等于失去了企业的灵魂。

如果能够认同企业文化,愿意和公司一起发展的,就要拿出年轻创业时的干劲来;如果不能适应这个文化,想在金山养老,还是趁早做准备另谋高就。张宏江也曾有过担心,但是金山上上下下对他的想法一致支持,这让张宏江心里很激动,就冲这一点他就知道自己来金山是对的,这绝对是一个值得他为之付出的企业。

重塑企业文化之后不久,张宏江把目光放在了战略方面,就是要重新找到企业发展的方向。对于金山来说,软件的时代已经成为历史,电子商务也随着当年出售卓越而失之交臂,网络游戏发展 10 年却依然只是垫底的位置,下一步金山究竟该如何发展?在这点上,张宏江和雷军讨论了很多次,最后发现他们的想法竟出奇一致,他们都认为移动互联网才是未来的发展方向。

在这方面,金山虽然没有优势,但也不是毫无机会。因为金山的毒霸、安全卫士都有在移动互联网市场一展拳脚的机会,包括金山的办公软件,如果移植到移动互联网平台都会大有用武之地。所以金山要做的就是早做准备,抢在其他企业之前全力围绕移动互联网进行研发,以期获得更大的市场份额。

张宏江明白,再好的政策也需要人去执行,如何调动管理层和骨干的积极性是重中之重。而金山已经在 2007 年上市,当时 100 多名创业元老级的员工都已经获得了股份,现在再想通过 IPO 来实现对管理层的激励已经不可能了。他和雷军经过深思熟虑之后,认为激励团队最好的办法就是MBO(管理层收购)。

一旦完成 MBO,管理层的利益将和企业的发展息息相关,这样既能避免人才的流失，又能让管理层把他们的潜力全部发掘出来。在张宏江的主持之下，西山居工作室、金山网络公司及金山办公软件先后完成了MBO。

从张宏江上任以来的一系列动作来看，成效是十分明显的。改革之后的金山到处都充满了勃勃生机，而这一切，正是雷军所希望看到的。选择张宏江担任金山的CEO，可谓是雷军走的第一步好棋。

跟风互联网：
成功就是机会遇见计划

企业要发展，首先要有长期的战略规划。没有统一的战略，东一榔头西一棒槌，不仅不能有效利用资源，还可能走弯路，甚至走错路，事倍而功半。有了明确的战略，企业就能围绕这个战略开展具体的工作，纲举目张，逐步推进，最终实现跨越式的发展。

2010 年回归金山的雷军希望通过一系列改革措施，直接把金山的发展方向定位在传统业务与互联网、移动终端的结合上。在他看来，金山不能再像以前那样在盐碱地里埋头苦干了，尤其是当别人都在台风口放风筝的时候，不管是敬而远之，还是等待观望的态度都是不可取的。

其实，金山的发展方向究竟是什么，雷军心中早有了一个方案，而他的想法再一次与张宏江的想法不谋而合。他们认为，唯一的出路就是跳进移动互联网的台风口，让金山这个传统的风筝飞得更高更远。

从金山之前的发展来看，软件是传统，而安全和游戏是主要的赢利点，不管如何发展都绕不开这几个方面，由此基本上就已经确定了发展方向。但重点是什么，又当如何分工，如何合作，新产品的研发究竟应该向什么方向，这都是企业战略层面需要考虑的问题。

雷军和张宏江经过深思熟虑，认为金山应该精简业务，例如合并部分游戏工作室，并重新聚焦网游、WPS 和安全，外加金山云。这样，金山就形成了新的业务布局：打造以游戏、办公软件及互联网安全为支柱，以云计算为新起点的"3+1"战略，这一业务架构将在未来承担起新金山再创辉煌的重任。

游戏业务是金山的传统强项，自从 1996 年推出中国最早的游戏产品《中关村启示录》，金山便一直在电脑游戏方面居于行业领先地位。1997年推出的《剑侠情缘》系列成为金山长盛不衰的游戏经典。特别是进入互联网时代之后，金山公司成功转型，推出网络游戏，一向被认为是经典的《剑侠情缘》系列更是成为网络游戏的翘楚。自 2004 年《剑侠情缘网络版》上市之后，金山先后推出了 3 个系列，而 2009 年推出的《剑侠情缘网络版叁》，采用全 3D 制作，达到了国产网络游戏的巅峰。

经过多年的发展，金山旗下有西山居、七尘斋等多个工作室，聚集了一批国内顶尖的游戏人才。而且在金山软件的收入之中，游戏占据半壁江山，所以游戏业务成为未来金山发展的一个主要板块并不奇怪。

现在的问题是金山的游戏将如何发展。如今行业的格局已经发生了重大的变化，一方面是客户端游戏向 3D 化、大型化发展，投入增加，研发时间增长，但是游戏玩家的数量逐年下降。另一方面，传统的端游正在逐步被手机游戏抢占市场。iPhone 平台上《水果超人》、《愤怒的小鸟》的火爆就是典型的例子。面对来势汹汹的移动互联网大潮，金山游戏该何去何从，这是一个必须认真思考的问题。金山游戏作为"3+1"战略的第一项，能否在新形势下成功转型，顺利发展，是金山软件这次战略改革能否成功的关键。

办公软件是金山起家的项目，曾经靠 WPS 起家的金山，能否继续在移动互联网时代保持其领先地位，关键是能否主动迎接变革。1989 年，求伯君编写了 WPS 软件，使之成为国人使用电脑的必备工具。后来 WPS 一直占据中国市场的领导地位，直到微软的 Office 进入中国，金山盘古项目失败，WPS由此折戟沉沙。2002年到2005年金山费3年之功重写了WPS代码，新的WPS软件成为能够与Office相媲美的国产办公软件。之后WPS在一系列国家正版化工程以及政府采购项目中屡屡中标，重新占据了市场的主导地位，并且成功地打开了海外市场。

WPS之于金山的重要性不言而喻，所以办公软件成为金山改革之后第二重要的业务板块也就丝毫不为怪了。金山办公软件的最大问题有两个方面，一是在正版市场超过了Office的装机量，但是在更大的市场上没有办法与Office正面竞争。第二则是金山在移动互联网方面虽然已经开始布局，但是远远没有占据领导的地位，人们对WPS的手机版本还并不熟悉。

金山WPS曾经错过了国内个人PC迅速增长的时机，如今决不应该再在移动互联网机遇之前裹足不前。所以，金山办公软件下一个阶段的发展重点一定是移动互联网时代的WPS手机应用。如果能够率先占据行业领导地位，那么金山就算是抢到了生金蛋的鸡，至少可以10年无忧。

互联网安全虽是金山最晚发展的一项业务，却也是最有机会抢占移动互联网入口，促使自身成为一个平台型公司的切入点。2000年金山毒霸上市，第一年跻身中国杀毒企业三强，并多年保持中国市场的领先地位。2005年金山毒霸登陆日本，进军海外市场。但是2006年奇虎推出360安全卫士并且宣布免费杀毒之后，金山的发展遭受了重挫。360安全卫士和360杀毒在短短两年多时间里，占据了中国杀毒市场50%以上的份额。之后金山毒霸采取防守性措施宣布金山毒霸一年免费，但是先机已失。不过，雷军在回归之前促成了金山安全与可牛的合并，可牛CEO傅盛的加盟让金山有了翻盘的机会。重组之后的金山网络能否夺回失地，并且抢到移动互联网的船票，就看傅盛的本领了。

虽然金山安全的收入在金山软件总收入中所占比例最小，却是未来发展前景最好，最有可能成为金山支柱产业的项目。

金山的战略布局之中，"3"是原有的项目，作为新起点的"1"则出乎许多人的意料。虽然云计算、云储存的概念已经出现了很久，国内许多领先的互联网巨头也开始推出各种各样的云服务，不过"云"对于大多数人来说，毕竟还是新鲜的东西。而那些推出云服务的各家企业至今都没有找到合适的赢利模式。这种情况下，金山把"云"作为发展的重点，并且定位金山创业的新起点，可见雷军的战略眼光及魄力远超过常人。

雷军看到的不仅仅是现有国内市场云计算的那些小份额和少得可怜的收入，他看到的是亚马逊作为一家电子商务公司，正在大力推广云服务，而未来云将成为亚马逊及电子商务服务之后的第二大赢利点。

为什么云服务这么重要？因为未来计算、存储、在线娱乐、平台研发等都离不开云。而且移动互联网因为手机作为终端存储功能有限，对云的需求必将大于现在。那么谁先占据了云计算和云储存服务的市场，谁就有可能占据移动互联网时代的不败之地。

而雷军之所以同意金山把云作为一个重点，还有一个原因是现在金山的 CEO 张宏江在微软研究院时曾经做过云服务的相关科研项目。张宏江绝对是一个"云"的专家，有这样一个技术骨干牵头，那么金山的云服务一定会做到最好。

当然金山的"3+1"战略规划是否符合市场的规律，还要用实际结果来说话。2012 年年底，金山软件营收中，金山娱乐软件业务营收为 8.51 亿元，同比增长 23%；应用软件业务营收为 5.44 亿元，同比增长 67%；金山网络的安全业务收入 2.5 亿元，超过了原来金山毒霸做收费服务时的最好成绩。

而金山云也通过与 WPS 的密切结合，相继推出了金山快盘与金山云个人云服务。这一切都预示着，金山制定的"3+1"战略布局，正在逐步实施，并且取得了阶段性的成果。

备战"网安"业务：
想少付出努力，就多抢占先机

　　说到金山的互联网安全业务，就不得不提金山网络的 CEO——傅盛。

　　早在求伯君时代，金山软件就做出了重要的变革，将公司旗下游戏、办公软件和安全软件三大业务分拆成三大独立公司。其中金山安全是发展的一个重点，曾经希望在创业版分拆上市。雷军重回金山之前就极力促成了可牛杀毒与金山安全的合并，并且让可牛的 CEO 傅盛担任了新组建的金山网络公司的 CEO。

　　傅盛究竟有什么本领能够让雷军如此看重呢？这就要从傅盛的经历说起了。

　　傅盛 2003 年加入 3721 公司；2005 年加入奇虎 360，带领团队打造了安全类软件 360 安全卫士，而 360 安全卫士的插件查杀、木马查杀、漏洞修复、装机必备、360 安全浏览器等多项重要功能都是在傅盛主持下开发的；2008 年加入经纬创投中国任副总裁；2009 年创办可牛影像任 CEO 兼董事长。傅盛离开奇虎 360 一开始没有做杀毒软件，是因为竞业协议的限制，但是一年半时间到期之后，傅盛就推出了可牛免费杀毒，因为有之前做 360 的基础，所以可牛杀毒的成长非常迅速，而这也促成了金山对可牛的收购。

传闻周鸿祎曾经专门给雷军打电话让他不要接受傅盛，但是雷军根本没理周鸿祎，因为他明白傅盛的能力。雷军对金山的发展早就心中有数，如果说选择张宏江为金山软件的掌舵人是为了稳定大局，那么选择傅盛担任金山网络的CEO，就是为了搅动金山这潭死水，同时向360发起挑战。

　　2010年11月11日，金山安全和可牛公司联合在京宣布，两家公司正式合并成立为金山网络公司。同时，金山网络正式对外宣布金山毒霸从即日起永久免费，将尝试通过给用户提供更多的增值服务赢利。

　　金山毒霸全面免费，一下子让金山失去了每年两亿元的收入。新公司将用什么样的商业模式实现赢利呢？这成为考验傅盛的第一个问题。但傅盛表示未来3年，金山网络不考虑赢利的问题，而将致力于全面提升金山毒霸的服务。

　　金山毒霸曾经是国产杀毒软件三强之一，付费用户日均840万。如今一改免费模式，首要的问题是怎么对待老客户。为此金山提出了两种方案，一种是退费，一种是转为增值服务，包括专业的系统修复服务、专业数据恢复服务、专业的系统保护服务等等。虽然增值服务收费远低于之前付费杀毒的模式，但是改为免费杀毒之后，金山毒霸的装机量和市场占有率明显迅速提升。这也和之前金山毒霸付费服务的时候很多使用盗版的软件用户现在全部改装正版有关，总之到2012年9月，金山毒霸的用户数已经达到1.2亿。

　　傅盛是奇虎360出来的人，自然熟悉360的打法。在傅盛的主持之下，金山于2010年年初就推出了金山卫士，与360安全卫士在功能上比较相像。金山卫士的主要功能有检查木马、修复漏洞、插件清理、系统优化等等，这些都是用户的常用功能。此外，金山卫士还有一个非常重要的功能——软件管理，由金山卫士提供安全无病毒的软件供客户下载一键安装，方便了用户的同时也可以带来与第三方软件的分成收益。金山卫士虽然是后起之秀，但是发展速度不容小觑，同样在 2012 年 9 月达到了 5000 万用户。

在金山毒霸和金山卫士之外，金山网络还推出了一款名叫驱动精灵的产品，主要方便自己安装系统的用户进行硬件驱动，这一款产品也发展到了 3000 多万用户。

奇虎 360 靠安全卫士获得了 3.5 亿用户，不过其实现收入的主要来源并不是安全卫士本身，而是因为 360 安全卫士的用户安装了 360 的浏览器和 360 网址导航，而这两方面的广告成为 360 最主要的收入来源。

傅盛既然要让金山网络与 360 一较高下，自然不会放着浏览器这招好棋不用，果不其然，2012 年 10 月金山推出猎豹浏览器双核版。猎豹浏览器的推广一开始只是通过金山毒霸和其他合作平台，客户增长速度较慢。

真正让猎豹家喻户晓的是 2012 年春运抢票期间，猎豹推出抢票版，可以自动刷屏抢购火车票，虽然时间不长官方就以安全为由禁用猎豹抢票。但正是这一新闻使猎豹的知名度大幅上升，很多人开始主动搜索猎豹浏览器的信息。

金山网络的一系列安全产品能够迅速打开市场，一方面是因为金山的产品过硬，积累了较好的口碑；另一方面则得益于"3Q 大战"如火如荼，作为第三方杀毒的金山毒霸获得了很好的推广时机。而"3Q 大战"之后，腾讯也开始加强与金山的合作，并且增持了金山网络的股份，占有 18% 的股份，成为第二大股东。腾讯 QQ 电脑管家虽然与金山卫士是竞争关系，但是在联手对抗 360 方面是利益一致的，所以腾讯对金山毒霸等产品的推广也是打开了方便之门。

雷军对傅盛的工作非常满意，不过他也对金山网络的发展提出了新的要求，那就是要尽快布局移动互联网，争取在移动互联网平台抢占先机。

2010 年年底，金山网络推出了金山手机卫士的塞班版和安卓版，开始进军移动互联网市场。金山手机卫士一开始也像 360 手机卫士一样，主要功能是骚扰拦截，后来经过市场调研发现，用户真正关心的是个人隐私安全。安卓上很多 APP 本身虽为免费，但是其中多植入恶意广告，这些广告会从后台调取客户的个人信息。傅盛认识到未来手机用户个人隐私和在使用 APP 时候遭受的恶意广告是一块相当大的安全问题，便让金山毒霸团队重点研发隐私保护。从此之后新版的手机毒霸增加了一个功能，它能够通过代码扫描形式看各类 APP 是否侵犯了用户的隐私，是否弹出一些恶意广告，而且权限管理做得非常深入。这样，手机毒霸短时间就获得了广大用户的认可。而且 2011 年，小米手机发布，金山手机卫士和手机毒霸套装作为预装软件安装在系统之中，这样一来随着小米销售数量的增加，金山手机安全产品的使用客户也将大幅增长。

手机安全市场 360 安全卫士占有 70% 的市场份额，是当之无愧的行业第一。金山虽然已经尽早地进入了移动互联网市场，但还是棋差一步。根据定位原则，排在行业第二的企业若想扩大市场份额，必须采取进攻的战略，与行业第一在差异化中竞争，才有可能获得成功。

为此，除手机卫士和手机毒霸产品之外，金山网络还开发了手机电池医生。电池医生主要针对智能手机电池使用时间短的问题，是最专业的电池保养和电量管理软件。金山电池医生先后发布了 iOS 版本和安卓版本，而在 iOS 平台，金山电池医生的月活跃用户数超过 1500 万，超过奇虎 360 的产品，在工具类 APP 下载中排名第一。

金山网络通过 3 年多时间的彻底改造，已经把原本落后的金山安全产品和安全团队成功带入了互联网时代，并且在移动互联网平台占据了一席之地，但是要想与行业第一的奇虎360竞争，金山网络依然任重而道远。

游戏革命：
奋斗观念一成不变，技术思维实时更新

金山网游的历史已有近 10 年之久，也算是网游市场上身经百战的一名"老兵"。当金山决定把卓越网卖给亚马逊之时，也就斩断了雷军使金山与互联网连接的最后一根纽带。那时，雷军迫不得已转向网游，网游成了雷军联接互联网的另一块阵地。后来，金山 60% 以上的收入都来自网游，而 2007 年金山能够成功上市，网络游戏业务在其中也占有举足轻重的地位。

但是，金山比起其他互联网公司，甚至是做网游的同行来说，还是慢了许多。由于公司的传统力量过于强大，金山往往走一步退半步，在网游方面始终未能实现大刀阔斧的前进。在整个网游行业，不管是老牌的九城、盛大、完美时空，还是后起的《征途》，还是原先实力雄厚的腾讯、网易，在网游方面都比金山成功。

做网游起家的盛大是当之无愧的行业霸主，2004 年上市后开始收购文学网站，垄断游戏产业的上游网络小说资源；网易和腾讯的游戏则依靠母公司强大的网络资源和资金实力稳坐游戏公司的第二、三把交椅；最晚进入游戏行业的史玉柱则用一款《征途》一下跻身中国游戏公司第四的位置；只有金山在游戏行业裹足不前，开始的时候是第七名，而后则要排到第十名。

其实，金山的研发还是很强的，只可惜在运营方面缺少经验。以金山的《剑侠情缘网络版叁》为例，本着"金山出品，必属精品"的思路，3D版《剑侠情缘网络版叁》耗时4年，投资超过1000万美元。结果上市之后，反响平平，不论是在线人数还是收入都远远低于原先的预期，后来金山不得不把游戏交给盛大去运营。

由此可见，金山作为一家靠技术起家的公司，在市场化方面还有很多欠缺，更重要的是金山欠缺互联网的思维，仍在用做传统软件行业的思路来做公司。

在雷军回归之前，求伯君任命了曾任盛大游戏系统总经理的吴裔敏担任金山游戏的总裁。金山游戏在运营方面多年来坚持以产品为导向，市场、运营和产品之间的矛盾一直是金山的一大内耗，从盛大出走加盟金山游戏的吴裔敏做了诸多以市场为导向的调整。吴裔敏的改革方向是对的，但是当时的金山还不能适应这样的变革，金山游戏元老需要一个漫长的适应过程。而吴裔敏引进的腾讯系员工更是加剧了金山游戏内部的斗争。

雷军回归之后，任命西山居总经理邹涛接任吴裔敏担任金山游戏的CEO，接着启动了一系列MBO，西山居、七尘斋先后成立独立公司单独运营。雷军是想把它们放到市场上，使之在竞争中快速成长。

改制之后的金山游戏果然不负雷军所望，除了保持原有端游的发展之外，也开始全力进军移动互联网，开发手机游戏。

2011年西山居就已经在移动终端发力，率先推出了IOS平台的应用《爱萝莉》。随后，《宠物城堡》、《征宠》、《酷酷厨房》、《爱萝莉2》等多款西山居研发的手游和应用相继问世。2013年，西山居已经招募了一支多达200人的手游研发团队，正有6款以上的手游在同时制作中。

七尘斋工作室则已经在移动终端作了多次网游试水，将旗下的《封神榜》系列网游与手机相结合进行多端操作，2013 年 9 月 25 日，七尘斋专门为安卓系统量身打造的手游《封神争霸》启动开放测试，成为手游市场真正的恢弘大作。而在此之前七尘斋也推出了一系列轻度手游，比如《兔小强》、《水果篮子》、《元素方阵》、《幻兔迷城》等。

原本专注于安全业务的金山网络也不甘寂寞，于 2013 年宣布斥资1000 万元获得喜讯无限旗下 3D 格斗手游《铁血战神》的国内代理权。《铁血战神》采用全 3D 制作，整体暗黑魔幻画风中融入了中国民族元素。此次斥资 1000 万元代理《铁血战神》中国区独家代理权，显示出金山网络在原有的互联网安全业务之外，正进一步向 APP 运营、分发渠道方向拓展。

从金山网络代理《铁血战神》也能看出，雷军在网游方面的底牌可不仅仅是金山旗下的几个主要工作室。市场上很多成功的手游公司都是金山的前员工所创办，而且还有金山董事长雷军的风险投资。这次金山代理的《铁血战神》，其研发公司喜讯无限的创办者、CEO 刘芃也属于金山系员工。

此前刘芃曾任金山副总裁，也是金山旗下烈火工作室的创办人之一，并曾担任金山网络游戏《封神榜》的制作人，而且雷军也曾经是喜讯无限的投资人。这样看来，这次金山网络代理《铁血战神》应该是雷军一手促成的。如果金山网络这次代理运营成功，应当不排除日后将旗下其他公司研发的手游也交由金山网络运营的可能。因为在雷军看来，金山网络是旗下各分公司中移动互联网化最成功的。

金山集中发力手游业务，主要还是因为手机游戏这两年增长飞快，而且市场规模足够大。2012 年中国手游市场规模 32 亿元，2013 年这个数字增长到 80 亿元，2015 年预计将达到 240 亿元，这么大一个蛋糕，谁又不想分走一块呢。

不过金山作为老牌的游戏公司，进入手游市场并不比那些新起的手游企业具有多少优势。从金山的《剑侠情缘》系列就能看出金山擅长大型复杂的客户端游戏，具有浓浓精品情结，而手游市场最成功的几款游戏，比如《捕鱼达人》、《找你妹》等都是轻游戏，而且更加偏重于休闲游戏。

这些手游的用户基本上都是在闲暇之时，用碎片化的时间玩游戏，他们更容易被简单易上手而且趣味性强的游戏吸引。而且，移动互联网时代，游戏玩家之间的社区化交流更加明显，不管是在微信圈还是 QQ 空间，分享游戏成为一种趋势。

所以，金山的手游业务要想成功必须抓住 3 点：第一，充分了解用户需求，顺应发展趋势，开发出用户喜欢的游戏；第二，必须搭建或者借助第三方社交网络实现游戏推广，小米的米聊固然是一个选择，但是鉴于用户基数的问题，金山更应该加强与腾讯旗下微信的合作；第三，游戏公司内成立不同的工作室，尽可能保持小团队开发，通过内部竞争争取开发出更多精品手游。

中国市场排名前十的手游公司全部是小而美的公司，比如开发了《捕鱼达人》的触控科技和开发了《找你妹》《大掌门》的热酷游戏等。而传统端游的十大公司鲜有在手游方面有所建树的，这也是雷军建议金山游戏再次工作室化，化整为零的原因。

不管如何，金山游戏这一次至少转型比较早，所谓路遥知马力，一向以用心研发而著称的金山一定会在手游市场占据自己的一席之地。

第二章

雷军的创业梦：万事俱备，为小米跳悬崖

奇迹其实是"苦逼"出来的，比如金字塔，以及从零开始但万事俱备的小米。

你改变不了过去，但你可以改变现在；

你想要改变环境，就必须改变自己！

小米的诞生：
为 18 岁的梦想再赌一把

作为中国 IT 行业最早的一批程序员之一，雷军 18 岁考入武汉大学计算机专业，22 岁加入金山软件，29 岁就升任为金山软件的总经理，并创办了国内最早的电子商务网站卓越网，2007 年开始做天使投资，并因成功投资凡客、优视科技、多玩、乐淘等一系列公司，在投资界创造了一个又一个神话……

由于这些闪耀的光环，在外界看来，雷军已经是功成名就了。然而，相比于同批互联网行业的弄潮儿马云、马化腾、张朝阳的成就而言，雷军多少显得有些时运不济。尽管雷军一直在勤奋追寻着更高的事业，却依然没有在 40 岁之前抵达内心的理想之地。

中国一直有"三十而立，四十而不惑"的说法，一般来说，人在 30 岁时应该业有所成，到 40 岁，就不会对人生或者事业产生困惑。2010 年，雷军已经 40 岁，踏入不惑之年，他似乎真的拥有了澄澈的内心，并清楚地知道已逝的生命对于自己的意义，以及自己想做还未做的事。

于是，2010 年 4 月 6 日，一家专注于高端智能手机自主研发的移动互联网科技公司——小米科技悄然成立。为了不受外界干扰从而一心创业，很长一段时间外界都不知道，小米就是雷军从零开始创办的一家新公司。

雷军年少时非常崇拜乔布斯，这源于他读大学时在图书馆读到的一本书——《硅谷之火》，这本书就像一团永久燃烧的火焰，不仅让他第一次知道了苹果创始人史蒂夫·乔布斯的传奇，也在他充满渴望的心里种下了一粒有着顽强生命力的火种：希望有一天能像乔布斯一样，做一件伟大的事情，成立一家像苹果公司那样的世界级公司。

雷军深知创业的艰辛滋味，尤其是在互联网行业，40岁已是高龄了。因此，有人问他："40岁开始创业，你有信心吗？"雷军回答："创业就像跳悬崖，只有5%的人会活下来。但是你又想去搏一把，觉得不搏这一次，人生愿望没实现，太不过瘾了，所以我就决定往下跳。"这时的雷军已完全打破自己的心理障碍，决定赌上自己40多年的人生，最后一次痛快一战。

"小米是我人生中的最后一件事，干完拉倒！"雷军总是轻描淡写地说，"这是我最后一次创业了，成和败都不重要，人生在于过程。"然而，从这样的言语中其实不难看出，创办小米对于雷军而言是一件非做不可的事，而且这已经是他最后的机会。因为他始终没有忘记隐藏于内心的年少时的梦想。

从1991年大学毕业一直到2007年，雷军与金山软件有16年的不解之缘。在金山期间，可以说雷军倾注了自己全部的青春和梦想，他勤奋努力、兢兢业业，甚至为自己获得了"IT劳模"的称号。但是，雷军心里很清楚，在互联网行业有着悠久历史的金山，由于一再错失最好的机会，很难成为全球IT业的一流公司。

于是，2007年金山成功上市之后，雷军终于如释重负地辞去金山CEO的职位。他辞职的理由是太累了，想给自己一点时间好好休息一下。离开金山的那一天，雷军在风雪交加的晚上等了40多分钟才打到出租车，那一刻，他的内心充满悲凉，却又似乎夹杂着无名的喜悦。事实上，在告别金山的同时，雷军曾经信奉的东西已几近瓦解，甚至可以说，他的信仰面临"全面崩溃"。

正所谓不破不立，在之后的 3 年，雷军尽量让自己处于归零状态。他突然意识到，当人一旦跳到局外审视，很多事情反而容易想明白。尤其是在做了几年的风险投资人之后，雷军突然发现自己看开了，曾经很多想不通的问题也想得通了。

2010 年 7 月，雷军在微博上对自己 40 岁前的商业人生列出几点反思："用手术刀解剖自己，虽然残酷，但真实。三年长考，五点体会：人欲即天理，更现实的人生观；顺势而为，不要做逆天的事情；颠覆创新，用真正的互联网精神重新思考；广结善缘，中国是人情社会；专注，少就是多。"这 5 点体会，不仅彰显了雷军的成熟，也显示了他独到的商业智慧。这些体会后来成为雷军经营小米的指导思想，被人们称为"创业雷五条"。

既然是抱着坚定的信念来创业，雷军希望做的是一个完完全全创新的东西。所以，小米在手机和 MIUI 手机系统上不断进行颠覆性创新，多有惊世骇俗之举。2011 年 8 月 16 日，小米召开发布会，雷军带着他精心打造的高端智能手机加入移动互联网战局，很快掀起了小米狂潮。随后，小米 1、小米 1S、小米 2A、小米 2S 等多款手机一经发售就被抢购一空，创下了惊人的销售纪录，可以说，雷军让小米上演了一部部令人惊讶的手机行业的"大片"。

其实，就算不创办小米，以雷军的财富和成就，他完全可以享受人生了，而不是冒着巨大的风险继续创业。但是，坚信"人因梦想而伟大"的雷军显然不会放弃，他这样对外界说："大家认为对互联网行业来说，40岁已经老了，应该要退休了，还折腾什么。但是我特意查了一下，敬爱的柳传志是 40 岁创业的，任正非是 43 岁，我觉得我 40 岁重新开始也没有什么大不了的。我坚信人因梦想而伟大，只要我有这么一个梦想，我就此生无憾。"

可能正因为说过很多此类的话，雷军向外界展露的是一种很强烈的"追梦"味道。"我 40 岁，还可以为我 18 岁的梦想再赌一回。""18 岁的理想一直没有实现，我觉得心里不踏实。"40 岁的雷军勇敢走出生命的低谷，抱着不是必赢就是必输的信念创办小米，他体会到的必然是一种"跳下悬崖"的创业感觉，这是一次悲壮英勇又令人动容的跳跃。

然而，小米并没有让雷军失望。从 2011 年 8 月小米公司发布第一款小米手机开始，到 2012 年 6 月雷军的小米公司估值已达到 40 亿美元，再到 2013 年 8 月雷军在微博上确认小米估值已经达到 100 亿美元。小米所创造的奇迹，出乎众人的意料。可以说，小米的崛起速度之快在全世界互联网企业中都没有先例，很多企业都在研究小米、学习小米甚至希望复制小米。

如今，悬崖下已是遍地鲜花。小米手机被认为是中国互联网产业最具创新性的产品，因为它对智能手机的商业模式、软硬件、营销方式、渠道创新和社区建设进行了一次彻底的颠覆和创新，是一个纯互联网思维的产物。小米科技已经成为在阿里巴巴、腾讯、百度之后，中国的第四大互联网公司。

只是，作为一个因梦想而战的"朝圣者"，也许只有雷军自己才真正清楚这一路走来的艰辛与不易，以及一路走下去还需要的智慧和勇气。正在路上的小米，或许还需要依靠不断追求梦想的信念作为驱动力，才能继续以令人惊叹的速度向一家伟大的公司迈进。

手机就是未来：
一条因远见开启的活路

刚开始接触神奇的电脑世界时，雷军几乎将全部的精力都用在和电脑相关的研究上，他要做电脑的掌控者。随着对电脑的了解越来越深入，电脑慢慢褪去了神秘的面纱。

雷军渐渐发现，电脑也有不尽如人意的地方，比如不能随身携带，使用起来很不方便，你如果在路上突然想起一个问题，要在电脑上解决，就不得不返回去。事实上，整个电脑行业的研究员都在试图解决这个问题，变得越来越方便用户使用和携带一直是电脑发展的趋势。

后来出现了可以带在身上的笔记本电脑，这让雷军兴奋不已，于是他很自然地成为笔记本电脑在中国比较早的那一批体验者。他将随身携带的公文包改成了专业的电脑包，每天把电脑带在身上，比之前被电脑拴在一个固定的地方感觉好多了。

在当时，笔记本电脑还是十分时髦的，但是时间久了，背着几斤重的笔记本也不是一件愉快的事情。到了后来，雷军甚至会因为要随身携带一个巨大而难看的充电器而沮丧不已。为什么就不能使电脑更便携、更美观一些呢？雷军心里总这样想。

就在这个时候，手机行业发生了一场变革：通过手机就可以联网了！很多人立即喜欢上这种新奇的玩法。在大街上、公交车上，雷军时不时地看见有人拿着手机上网。这时，雷军敏锐地发现，手机上网是传统电脑上网的延伸和补充，也是移动互联网的一种体现形式。尽管当时用手机上网很不方便，但是这是智能手机兴起的一个征兆。

这引起了雷军的兴趣，他开始研究手机。1987 年，国内出现的第一款手机是广州推出的摩托罗拉 3200，这款手机以绝对的优势垄断了中国手机市场，当时引起了很大的轰动。那时候，拥有一部移动电话就是身份的象征，因此有人将它称作"大哥大"。大哥大的个头很大，像板砖那样，被戏称为打架的工具。

到 20 世纪 90 年代，手机依然是比较稀缺的奢侈品，但是已经有了慢慢普及的趋势。雷军的第一个手机是在金山的时候买的，刚刚接触到这么方便的通讯工具，雷军一下子就被迷住了，有时间就研究手机。

实际上，雷军是一个不折不扣的手机控，他爱玩手机在圈子中也是出了名的。每当市场上一出新的机型，他总会以最快的速度买回来，看看发展到什么程度了，以至于在金山的 16 年里，他一共换了 53 部手机，平均一年三四部。有时候，他甚至感觉自己对手机的痴迷不亚于电脑。

而且雷军的心中还有一个模糊的期待，不知道手机能不能实现自己对电脑的所有需求。渐渐的，手机的功能强化了，能够完成基本的信息获取要求。雷军似乎看到了一个未来的美好蓝图：就在未来的某一天，自己不用再背着几斤重的笔记本电脑去上班，而是随身携带着一部智能手机，解决自己对于电脑的所有需求。

雷军甚至兴奋地对身边的朋友说：或许有一天，手机会完全替代电脑，并且成为下一个计算中心。有了这个想法的雷军开始尽量不用电脑，身体力行地验证手机替代电脑的可行性。而且由于频繁地更换手机，他也成为手机智能化过程中最忠实的见证者。

离开金山以后，雷军有了更多的时间，也将更多的精力花在研究手机上。2007 年年底，苹果公司推出了一款颠覆性的手机产品 iPhone，这款手机很快席卷了整个手机市场，全世界都在为这款手机疯狂。而且整个手机产业也几乎被完全颠覆，诺基亚、摩托罗拉等巨头突然从领先者沦为追赶者——乔布斯完成了对手机的又一次革命。

作为乔布斯的忠实粉丝，雷军第一时间买了 iPhone，极简的外形设计给雷军留下了深刻的印象，他急切地想要知道这款手机究竟有什么不同寻常的地方。一回到家，雷军就坐在沙发上研究，甚至连午饭都只吃了一点点。他点着手中极简的宽屏，眼中闪现出点点星光。

"太完美了！'雷军自语着。iPhone 将软件、硬件和移动互联网结合在一起的模式让雷军感觉到新奇和震撼，相比自己上班经常背着的笔记本电脑，这种一手掌控所有信息的感觉，带给雷军的是一种绝对的刺激和完美的体验！

之后，雷军又买了 20 多台 iPhone 送给自己的亲友，他觉得这是一件最好的礼物。不过，随着使用时间的延长，雷军也渐渐发现 iPhone 一些不尽如人意的地方，比如待机时间太短、不能转发短信、信号不稳定等，最重要的是不符合中国人的使用习惯。

"谁会做出一台更加完美的手机呢？"雷军一边问着自己，一边心中萌生了一个念头，为何自己不做一款手机呢？这个想法起初只是一个小小的火苗，但很快就熊熊燃烧了。到了 2009 年，雷军几乎对市面上的每一款手机都了如指掌，随便拿出一款来，他都能说出它的优势和不足，其熟悉程度令人咋舌。并且，只要身边有人，雷军就忍不住要谈论手机。

有一次，雷军和一个朋友一起吃饭，结果吃到一半，雷军就将手中的筷子放到一边，掏出一部魅族 M8 手机，讲起了它的好处："我觉得魅族这个手机做得非常不错。你看，它的未接来电能够显示响铃时间的长短，这样的话就能辨别那种只响一声的骚扰电话。"结果到最后剩了一桌子菜，两个人因为将注意力转移到手机上而饿着肚子。这种情况在雷军身上屡次发生。

然而，尽管新时代来临了，但那时智能手机的价格也是惊人的。全球每年发布12亿部手机，绝大多数智能手机的价格甚至比笔记本电脑都要贵。一台 iPhone 卖四五千元，足够买到一台不错的笔记本电脑了。

而且即便是有了携带更加方便的智能手机，人们却依然需要买一台电脑。因为智能手机还不能完全满足人们的需求，有些事情还需要依靠电脑。或者说从另一个方面而言，智能手机也有不完善的一面，比如习惯了键盘输入的人们很难适应智能手机的输入模式。

接着，乔布斯再接再厉，又推出了 iPad。刚刚开始的时候，雷军觉得这就是大一号的 iPhone，但是用了一段时间后，雷军渐渐地发现了它的不同。这让他更加坚信自己的判断。他觉得 iPhone 出售100万台用了76天，到了 iPad 只用了不到一个月时间，这是正常的。

在他看来 iPad 是伟大的产品，它能满足人们对电脑99%的需求，开启了一个新的时代。但同时雷军也在想，无论是 iPhone 还是 iPad，每种工具最终都是通过电脑联网的。而此时的手机 CPU 已经超过1G，而且还有不断变大的趋势，这样下来，终究有一天，手机的计算能力会接近甚至超过电脑的计算能力。

不仅如此，手机存储能力和移动设备的存储能力都在大幅度地提升，跟着3G、WiFi（一种可以将个人电脑、手机等终端以无线方式连接的技术），通信能力也在提升，并且可以随身携带，十分方便。对于绝大多数人来说，一部手机就可以解决他们的所有问题。

有些人可能认为，尽管目前手机屏幕不断变大，有不少大屏智能手机的屏幕甚至达到5~6英寸，但是无论选择哪一种手机键盘目前都没有电脑的键盘好用。雷军的看法是，这实际上只是一个习惯问题，他觉得最后绝大部分人都会适应手机的大小和键盘。

基于这样的设想，雷军似乎能够看到未来的情景：每个酒店房间、大堂都有许多支撑 WiFi 的显示器，手机遥控就能连上，所有事情都可以在任何屏幕上展示，而这些都是环绕手机的周边的外设而已。手机将在绝大部分人、绝大部分事情上取代电脑，形成下一个连接中心，而电脑将会跟打字机一样，被大众所遗弃。

实际上，一直关注着乔布斯的雷军在拿到 iPhone 的那一瞬间，在被这款大屏幕智能手机震撼的同时，就已经意识到一个新的时代将要到来：手机将会替代电脑，成为大众最常用的终端。他曾经开玩笑说："我是中国最早说出手机将真正代替电脑的人，但大家都听不到，直到软银孙正义说了才算数。"

从离开金山之后的思考与沉淀到天使投资的历练与尝试，雷军似乎在等待一个最好的时机，寻找一个最强劲的风口，也让心中梦想的风筝尽力去飞一次。至于它到底能飞多高，或许并不是雷军最关切的，也或许他已经在下着一盘巨大的棋，结果在他心里已成定局！

透明的利益分享机制：
打破二次创业失败的魔咒

　　雷军说出要再创业的豪言时，最初没有几个人愿意信他。要知道，二次创业这种事情，在互联网竞争激烈、年轻人一浪更比一浪强之时，发生在作为中国互联网"祖父级"人物的雷军身上，就显得特别的矛盾。

　　小米公司创立之初，7个创始人都是有股份的。因为大家都是中年创业，可不是穷小子，各有一定身家；再加上出力是必需的，出资也不可少，主要是表示每一个人都对小米这个项目充满信心，全力以赴。反过来说，在这个年纪，固然有了一定的江湖地位，虽说不能够呼风唤雨，可一定有了相当的人脉和技术积累，但缺点也是看得见的。俗话说拳怕少壮，棍怕老郎，毕竟，高科技公司创新都有着创造力的时间瓶颈问题，30岁之后还能在技术上崛起的，在中关村，除去王江民外，还没有第二个。

　　雷军比一般人对此还要敏感得多，尽管在人前有时展现"大器晚成"的坚韧不拔的一面，但从背后看，雷军比一般人还更相信命运。雷军自然知道自己的短处，二次创业的人之所以很少能够成功，时间是巨大的自然命题。即便有些人能够卷土重来，比如巨人集团的史玉柱、红塔集团的褚时健，但他们还是都面临着一个紧箍咒：继承者的问题。

　　在雷军的事业蒸蒸日上时，这可能不是一个问题，可事业一旦进入稳定成熟期，这个魔咒迟早会摆在面前。解决这个问题的方式，到现在为止，不外乎两个：第一种是像王安电脑的总裁王安那样，不顾年岁已高，掌控一切，搞家族继承，但最后容易人亡业败；第二种，就是早做打算，从内部选拔企业的继承者，自然，要维持这种继承的关系，也必然表现为股权上的利益分享。当然，雷军在这件事情上，并没有太多顾虑，一来他早就度过了财富梦想的年龄，二来中国高科技公司中这种利益分享制成功的经验早就摆在了他们的面前。

华为公司就实现了某种形式的全员持股，这家从不上市的公司，拥有巨额的现金和超越所有竞争者的创新和变现能力，却是一家团结在任正非周围的特殊的公众公司。不上市，也可以实现上市公司的目的，只要内部利益分享机制足够公开、透明，彼此的分歧和摩擦将降到最低，这种模式下的组织甚至也比所谓现代治理模式还要有效。既然如此，何乐而不为？

小米面世不久，有记者曾经问雷军，他心目中具备了大使命、大目标的企业家特征，雷军不假思索地指出了两个人，一个是声言不搞家族制的家族企业的联想创始人柳传志，另一个就是任正非。

小米公司的团队之所以能够"来之能战，战之能胜"，能够完成别人完成不了的任务，能够创造出令人瞩目的小米速度，关键还是在于小米内部实行了透明的利益分享机制。

雷军创建小米是为了实现自己的梦想，但是那些和他一起创业的人除了实现理想之外还需要考虑安身立命、实现个人价值，而透明的利益分享机制正是对他们付出的劳动的收益保障。

雷军知道建立一个企业的不易，更知道一个团队只有目标一致、利益清晰，才能做到上下一心，无往而不利。

创业之初，公司需要用钱的地方非常之多。雷军虽然身家数十亿美元，但都是账面上的价值，如果他投资的公司不上市的话，只怕这么多钱是套不了现的。所以小米创业时他本人也拿不出太多的现金。而且既然是集体创业，那就要利益分享，而利益分享的最有效保障就是全员持股。这个时候小米的员工数量并不多，倒是推行全员持股的最好时机。

这次全员持股是和小米科技的 A 轮融资同时进行的。2010 年 12 月 15 日小米科技共计融资 4100 万美元，投资方为晨兴创投、IDG、启明创投和小米团队，其中小米团队 56 人投资 1100 万美元，公司市值达到 2.5 亿美元。可不要小看这次全员持股，小米最初的 56 个员工，平均每个人约投资 20 万美元，共计获得小米科技 4.4% 的股份。

小米内部有个"卖嫁妆"的段子，说的就是这次全员持股的事情。作为小米公司创始的 14 人之一，当时唯一的女员工小管，承担了小米公司创业初期从人力资源到行政，从后勤到前台的全部工作。虽然她不是技术人员，却像其他人一样付出了自己的劳动，虽然她不懂得科技的发展趋势，却同样对小米的未来充满了信心。

听说公司要全员持股，她很是兴奋了一段时间的。但是毕竟自己工作时间太短，没有什么积蓄，家里也没有什么能力能帮她。她认真思考再三，便和未婚夫商议，决定先把自己的嫁妆卖掉，投资小米。等将来公司股份涨了，再买嫁妆不迟。当然，这部分嫁妆现在已成天价。

当年雷军在金山工作之时，其实也是有过类似的经历的，毕竟他本人也是从普通一兵成长为企业首脑的。22 年前，雷军从一个程序员，慢慢成长为部门经理、分公司总经理，一直到集团的 CEO。求伯君虽说一直有点压着雷军的意思，而且谨小慎微，但在利益分享上说得上是十分慷慨的。在整个金山公司，创业的元老或做出突出贡献的员工都是有认购股权的奖励的，金山的 1000 多员工中，有 400 多人持有公司股份。2007 年金山上市之时，至少有 100 多名金山员工成为百万富翁。这既是员工在公司十几年如一日努力奋斗的结果，也是公司对那些与之同甘共苦的员工的回报。因此，雷军虽然被称为中关村的劳模，但其实这个劳模，在财富上并不亏。

还在 10 年前，雷军就已经是 10 亿美元的富豪了。

不过，雷军在二次创业后，对于这种过度慷慨，但又说不清创业目标和公司利益的计划，还是做了不小的改动。他认为：第一是工资为主体；第二是在期权上要预留较大的上升空间，而有一些内部回购；第三是团队应该给个人以压力，让员工觉得有很强的满足感。雷军认为，这种情况下透明的利益分享制度，才是实至名归的。

在金山，雷军启动了管理层 MBO，让西山居、七尘斋、金山安全等多个部门各自成立分公司独立运营，并给了管理层认购股权的机会，通过这个办法鼓励管理层的积极性，鼓励员工内部创业。

理想固然重要，但是让员工饿着肚子谈理想无疑是不现实的。如果没有巨大的利益作为刺激，如果没有透明的利益分享机制，又怎么能指望员工抛家舍业 6×24 小时地在公司工作。

雷军作为天使投资人投资多玩 YY，李学凌曾经因为得力干将张帆带领团队集体离职另立门户而向雷军大倒苦水。雷军对李学凌说，"你找到一帮人一起创业，为什么干了两三年人家会离开？这是个标准问题，很多创业公司都在发生。你带着以前的子弟兵一起创业，给了人家很高的预期，但是从内心深处，你并没有准备和人家一起分享未来的成果，总觉得人家是打工的。别人利益方面得不到保障，精神层面得不到认同，自然会选择离开"。

有金山和多玩这一正一反的例子，雷军自然知道透明的利益分享机制对于一个企业的成长来说是多么重要。

2011 年 10 月 20 日，小米科技完成超过 9000 万美元融资，投资方分别为晨兴创投、顺为基金、启明创投、IDG、淡马锡以及高通，其中顺为基金为雷军持股的投资公司。这次投资之后，小米的估值达到 10 亿美元。

2013 年 8 月，小米再获得约 20 亿美元投资，领投的是俄罗斯风投机构 DST。这次投资之后，小米的市值达到 100 亿美元。

至此，小米员工创业初期投资的那 1100 万美元的价值涨了 40 倍。雷军曾说过小米 5 年内不考虑上市，未来上市之时保守估计小米的市值也有 200 亿～ 300 亿美元，那么小米创业时这些原始持股的员工将会获得 100 倍的回报。

不管未来小米的创业会是何种结果，不管小米的快速增长势头是不是还会长期持续下去，可以肯定的是，员工们从利益分享本身获得的满足感，将远远超过这些冰冷的数字的价值。毕竟，互联网的财富，只要不变现，对于小米这样的市梦率和市盈率都在高涨的未来之星，希望也许更具有长远的价值。

忍：
低调注定不会失败

从 2009 年打算创办小米到 2011 年小米发布第一款手机，这期间雷军一直低调地为小米布局，甚至小米公司的成立也很低调，以至于已经创立一年多的小米还以神秘的姿态不为外界所知。用雷军的话说是："人若无名，更利专心练剑。小米只想专注产品研发。"

也可能是在做天使投资人的几年中，雷军看到了太多失败的团队，他希望自己的团队要有危机感，包括隔绝外界的干扰。因此，小米创立后，雷军要求公司里的每一个人都要对关于小米的事情守口如瓶，强调整个团队在创业的时候要心无旁骛地做事情，做到低调、低调再低调。

其实，小米公司之所以叫"小米"，也有低调朴实的含义在内。小米拼音是 mi，包含着三重意义：首先是 Mobile Internet，小米要做移动互联网公司，手机只是业务的一部分；其次是 Mission Impossible，小米要完成不能完成的任务，虽然创业团队高手云集，但还是要有艰苦创业的决心，雷军希望用小米加步枪来认认真真创业；第三是雷军希望通过"小米"这个普通的名字传达出一种讯息，让人们知道小米是一家低调而务实的公司。

雷军实际上也是这样做的，他很清楚每一步应该做什么。小米的豪华创始人团队组建完毕后，很快就有了 50 多个高素质的员工。接着，雷军开始着手筹办另外一件事情——融资。当时有两条路可选：第一条是自己先投资，然后慢慢地争取融资；第二条是创业团队一起投资。他更偏向于第二种，因为他不想将小米变成自己一个人的"个体户"。如果大家可以一起投资，这个团队就活了起来，人人都有主人翁精神，一切将十分完美。

但是，大家会不会愿意，他不太确定。令他意想不到的是，2009 年年底，发生了一件感人而有趣的事情。这一天上午，7 个老男孩和其他的员工一共 56 个人一起开了一个会。和所有的会议一样，这个会议除了气氛拥有"小米特色"之外，没有任何出彩的地方。在豪华团队拼图完成之后，这个会议讨论的议题是第一轮融资的方式和渠道。

会议按部就班地完成了整个过程，然后大家各自回到自己的岗位上，为小米的问世做准备。雷军回到自己的办公室，站在窗户前点了一支烟，看着外面灰蒙蒙的天空。摆在他眼前的是一个很重要的问题，融资方式直接影响整个小米科技的文化以及管理方式，他还没有做出最后的决定。

事情的发展会不会按照自己想要的轨道走下去，他心里还是没有谱。就在这个时候，身后办公桌上的电脑响了几声。雷军将手中的烟蒂掐灭，扔进了垃圾桶里，回到自己的座位上。那种"嘀嘀嘀"的声音是收到新邮件的提示，他打开页面一看，竟然是一个刚刚进公司的小女孩发的群邮件。他点开了页面，看到这样一句话：我回去和妈妈说，把我的嫁妆钱投给小米，从此我就嫁给小米了！

就在同一时刻，56 个人都收到了这封邮件，大家都被这几句简单的话给震撼了。"我们一起投资小米！"这个想法不约而同地在小米团队中产生了。雷军关掉页面，做了最后的决定："大家一起投资小米！"

尽管如此，雷军还是不认为刚刚毕业两年的小女孩能有多少积蓄，但是事情有些出乎他的意料：这个女孩子后来竟然投了小米不少钱。在她的带动下，所有员工都参与了投资行动。有一个同事之前买了不少港股，他回去就将港股全部卖掉，统统换成了米股。

结果，本来雷军可以一个人投资小米，最终变成 56 个人的集体投资，凑起来竟然是一个相当可观的数目：56 个人投了 1100 万美元，占了小米科技 A 轮融资的 1/4 以上。

接下来要考虑的事是，要做出一款顶级智能手机，必须有一流的软、硬件。而开工厂不是雷军的强项，所以他希望小米和苹果一样走代工的道路。这就需要寻求供货商合作。

一些供货方一般都有一个习惯，总是希望合作方大批量地生产，他们可以大批量地供货。但这样当然会有风险，如果产品卖不出去，将连累供货方的利益，同时给自己带来负担。雷军当然也不希望小米手机一开始就大批量生产。但这样供货商就难找，这在一定程度上加大了刚刚初创的小米的生产难度。

实际上，手机的很多器件都是定制的，需要供货方自己掏研发费用，而小米只是个雏形，供货商也不了解小米，这些供货商看过太多的公司破产，自然有了心理防备。即便是和供货商十分熟悉的周光平，供货商也只是热情地将他请进去，然后绕着弯子再将他请出来。

雷军开始一家一家地拜访供货商，一家一家地和他们谈，让他们足够了解自己，了解小米。这样一段时间下来，情况才慢慢开始好转，终于为小米找齐了供货商，包括夏普、三星、胜华科技和德赛等，多数都是苹果的供应商。

雷军十分注意小米的质量。小米生产出来之后，一般要经过 5 轮抗摔实验。在几个月的漫长测试过程中，小米要经历高低温测试、水冲、粉尘等各种严格的性能测试，以保证小米手机的质量。就这样，小米的供应商和质量问题暂时性地解决了。

2011年8月16日这一天终于到来了。那天，北京的天气非常好，阳光灿烂，雷军在拥挤的车流中赶往北京798艺术区，北京时尚设计广场就坐落在798林立的厂房之间。

此时，就在这充满朴素和大气之美的厂房群落中，正有大群的人流涌向这里，这里历来是化妆品、奢侈品、服装品牌等举办发布会的好地方。798艺术区位置稍偏，但可容纳很多观众，因而更受国际公司青睐，微软的Windows7和IE9的发布会都选在这里。这一天，雷军将在这里举行小米手机发布会。

当作为主角的雷军赶到时，会场已经人山人海，排着长长的队伍，他不得不从人群中挤进了会场。工作人员正忙着回答"米粉"们的问题，气氛十分热烈，夹杂在中间的记者将头往前凑了凑问道："这都是哪儿来的托儿啊，这么卖力？"

工作人员摇了摇头说："好像是自己来的吧，我不知道。"

小米手机发布会现场的热度丝毫不输苹果发布会，可容纳600名观众的会场座无虚席，甚至连过道上都站满了人，也有很多人席地而坐，晚到的粉丝只能在会场外看同步的视频直播。

下午2点，人头攒动的会场才稍微平静了一些，发布会正式开始了。舞台上放的背景音乐是《新长征路上的摇滚》，崔健沙哑的声音鼓动着众人的情绪。雷军穿着凡客的黑色T恤和牛仔裤，搭配乐淘的"愤怒的小鸟"布鞋，他深深地吸了一口气，笑容灿烂地出现在聚光灯下。台下身着小米橙色T恤的米粉以自己的方式热情助威，形成了一片壮观的橙色海洋。

雷军心潮澎湃，似乎又回到20年前激情飞扬的年代，他朝台下沸腾的人群挥了挥手，开始热情洋溢地为大家介绍代号为"米格机"的第一代小米手机。

而此时的雷军，早已不是 20 年前手握着 15 页演讲稿不知所措的少年。面对台下欢呼的米粉和媒体记者，雷军丝毫不见紧张，开始不慌不忙地讲述这部号称顶级配置——双核 1.5G，4 英寸屏幕，通话时间 900 分钟，待机时间 450 小时，800 万像素镜头的智能手机的成长历史。

"我们是一家融硬件、软件和服务于一体的公司，我们要做一部最好的手机。小米手机是全球触屏最快的手机，iPhone 4 这样的主流手机是单核 1G 的，今天市场上卖的大部分智能手机都是单核 1G 的，小米手机比这些手机的触屏快 200%。"

随着身后的 PPT 一页页地翻过，现场的气氛越来越活跃，当屏幕上显示这部手机定价 1999 元时，台下顿时沸腾起来。"我们要小米"的喊声充斥了会场，而外面的广场上还有很多人看着露天的大屏幕惊呼不已，令夹杂在人群中的记者面面相觑，露出了惊异的神色："雷军疯了吗？"

这个时候，很多没有挤进来的"米粉"站在门口踮着脚尖看里面的景象，还有很多试图挤进来的粉丝与保安发生了冲突，更有人居然骑了几百公里的自行车前来捧场。

"我 40 岁前已经干了不少事：卓越卖了，金山上市了，天使投资也不错，但我迷茫了：13 岁的理想一直没有实现，觉得心里不踏实，计划悄悄干他一年半载的，如果输了，这辈子就彻底踏实了。这样创办了小米，15 个月过去了，今天终于鼓起勇气出来了，请大家批评吧。"发布会这天，雷军终于可以将他的心里话一吐为快。

之后，每一款小米手机一经面市都会引发抢购狂潮，大有挤压苹果之势，小米果然没有令雷军失望。而在此之前，雷军曾无数次深夜还待在办公室里。他一直认为"天天指导别人创业，自己创业失败了会很没面子"，可能其低调的背后，也有不为人知的恐惧。

2012 年 5 月 10 日，31 个国家、5000 多人、204 家企业的全球移动互联网大会在北京举行。大会上，有人问雷军："为什么当年做 MIUI 你不亮明身份？"雷军摆出他经典的忆苦状表情："我这样的互联网老兵要进移动互联网也怕失败，只能隐姓埋名 1 年零 3 个月，有点成绩才敢公布。"

但是雷军明白，要想战胜内心的恐惧，最好的办法是正视再正视，直到成为习惯。可能他在不顾一切"跳下悬崖"的那一刻，就已经在践行一个朴素的道理：40 岁之前，性格塑造你；40 岁之后，你塑造人生。面对小米取得的巨大成就，雷军终于可以坦然地说："小米不可能再失败了！"

第三章

大互联时代：小米的基因都充满了成功

站在风口上，猪都能飞得起，拥有天时地利人和的小米，不成功都没有天理。

成功无定法，但每个人的成功都非传奇；成功没有一个固定的模式，每个人都有属于自己的方式。

长时间的思索：
感知互联网思潮的风向

  雷军离开金山时，与金山有竞业禁止协议，金山所有的业务他都不能涉及。这个时候雷军觉得迷茫了：他懂的、熟悉的不能干，别的又不懂，不知道自己能干什么。"每天早上起来不知道干什么，半夜如果醒了，觉得很茫然"，有时候他会和朋友倾诉，"提前感受到退休老干部的凄凉"。

  经过很长时间的思索，雷军将他一直以来"不炒股，不投资，认认真真地做好软件"的原则暂时放到一边，渐渐走上了天使投资的道路。这看似一个偶然的决定，却也是他一路走来的必然选择。其中的一个原因是，卖掉卓越网使雷军有了大笔的闲置资金，这给了他一个可以去做那些未竟事业的机会。

  也许还有另外一个不容忽视的原因，在金山最为困难的时候，联想创始人柳传志投资金山，曾在雷军的内心引起很大的震动。这件事情也一直让他心怀感激，他深刻地感受到，有时候创业者只需要那么一点点钱，如果此时有人为他投资，就能够帮他将一个梦想变成现实。在某种程度上，雷军有效仿柳传志的味道。所以，做天使投资，孵化其他人的创业梦想，也是雷军回报社会的一种方式。

  起源于 20 世纪初的美国天使投资，到了 20 世纪末才在中国境内出现。由于国内没有相关的法律和制度保障，天使投资风险特别高。雷军刚开始做天使投资的时候，"天使投资"在国内还是一个新的名词，没有那么多的知名人士戴着天使的光环到处演讲传播他们的理念，这个领域内还没有形成有中国特色的天使投资群体。

法律规范的缺失使得天使投资人在中国面临着巨大的风险。在美国，相关的法律制度已经非常完善，投资人和创业者都受到法律的保护，合作非常轻松，但中国只有《投创企业管理办法》一个基本的铺垫。这条路走起来异常困难，天使投资的成功率在国内不足 10%。

雷军就是在这样的情况下走上天使投资的道路的。和众多早期的天使投资人一样，他对天使投资的高风险也十分忌讳。尽管雷军做天使投资的初衷是回报社会，支持科技创新，但是在天使投资还没有走上正轨的环境下，天使投资人所面临的高风险使天使投资具有更明显的赌博色彩和一种碰运气的感觉。

但是，此时的雷军已经总结出"创业要站在风口上"的商业智慧，当意识到移动互联网将要席卷而来，他开始关注移动互联网企业。用他自己的话说就是，"拎着一麻袋现金看谁在做移动互联网，第一名不干找第二名，第二名不干找第三名"，试图凭借自己的金钱和经验创造出几家伟大的企业。

于是，在雷军的投资名单上，很快就有了一些闪亮的名字：互联网快时尚服装品牌凡客诚品、网上鞋城乐淘、奢侈品购物网站尚品网、移动浏览器 UCWEB、电子支付运营商拉卡拉、多玩网、语音聊天软件 YY（多玩旗下产品）以及休闲游戏 7K7K、网络安全厂商金山网络、移动社区乐讯等 20 多家公司。

雷军有着别人很少具备的前瞻性，他的目光十分敏锐。离开金山后，他就已经预感到移动互联网会是下一个风向。看准了这个风向，雷军向一个只有十几个人的小公司注入了一股资金，这就是雷军投资的第一个项目 UCWEB，它来源于 You Can Web 的缩写，意思是"你能够随时随地访问互联网"。

在投资 UCWEB 时，这家小公司甚至连车票都买不起，眼看着就要倒闭了。但雷军说："这家公司今后的估值一定会远远超过你们的想象！"2012年的时候，UCWEB 的估值是 3 亿美元，成了腾讯进入移动互联网领域的头号敌人。

雷军后来投资电商，是受到过谷歌启发的，谷歌之前也尝试过类似的方式，Nexus One（谷歌公司 2010 年推出的一部 3G 智能手机）就是通过互联网销售，但最终失败了。而这个时候，之前做卓越网的经验帮了雷军的忙。他渐渐地发现，之前的电子商务是在做概念、做未来，而现在是要做生意。

雷军对这个领域非常看好，于是陆陆续续地投资了拉卡拉、乐淘和凡客诚品。慢慢的雷军看到了自己几年前的设想正在一点点地变成现实：无论是用户还是支付、配送各个领域和各个环节，电子商务到今天已经非常成熟。

在投资社交方面，最具有代表性的要数李学凌的多玩。在创立之初，雷军投入了 100 万美元，并给了李学凌不少的引导。2008 年左右，多玩网已经实现赢利，并且陆陆续续地获得了三四轮融资，蓬勃发展。多玩是一块令雷军兴奋的资产。有人笑称：腾讯是中国最大的网络游戏厂家，你去腾讯玩游戏，玩家用的全是多玩旗下的歪歪语音。歪歪同时在线人数达到数千万人，腾讯 QQ 则宣布同时在线人数超过 1 亿人，在 PC（个人计算机）即时通讯领域，歪歪是唯一与腾讯叫板的产品。

新东方原"三驾马车"之一、真格基金董事长徐小平这样评价雷军："我最欣赏的天使投资人是雷军，他喜欢以创业的方式来做投资，有时脑袋中有个点子，就开始和朋友一起探讨，然后找投资，一步步把公司创立起来。"在雷军投资的公司中，有十多家是从零开始，甚至有的企业名字都是他起的。

其实，雷军投资的项目并不都向外界公布，很多初创期的项目很少为人所知，而当它们获得第二、三轮融资时，人们才发现，原来雷军又多了个董事长头衔。而对于"董事长专业户"的称谓，雷军自己不愿意承认，他说"是捧杀，是竞争对手的造谣"。

但毫无疑问的是，雷军在当今中国互联网的商业版图上不再是"只闻楼板响，不见人下楼"了。他现在的一举一动不仅是商业伙伴和竞争对手关注的焦点，也是公众关注的焦点。从万籁俱寂到舞台中央的喧嚣，这也许是雷军的宿命。

作为天使投资人，雷军一直认为只要跟移动互联网相关的，都有可能成功。因此，雷军整体的投资布局主要有"三个方向"和"五条线"。3 个方向是移动互联网、电子商务和社交平台，5 条线分别是：

第一条是宣传线：投资专注移动互联网报道的雷锋网，以及线下的社交会议组织长城会，即全球移动互联网大会 GMIC 的主办方。

第二条是电子商务线：凡客诚品、乐淘、尚品网。

第三条是移动入口线：移动互联网入口 UCWEB、线下支付入口拉卡拉、语音入口 YY、瓦力语聊、iSpeak、多看阅读。

第四条是社区线：旅人网、好大夫在线、多玩网、乐讯网。

第五条是软件线：金山、可牛、喜讯无线。

雷军的投资原则无不表现出他对移动互联网"卡位"的诉求，其布局的完整性和系统性与同行相比，都更技高一筹。到小米科技创办时，雷军已经是 17 家初创型企业的天使投资人。这些企业沿着移动互联网、电子商务和社交 3 条线整齐分布。

而且在雷军投资的公司中，很多估值都远远超过金山。2010 年年初，有媒体估值这些公司总资产为 16 亿美元，2012 年 4 月，这些资产至少翻了 10 倍，达到 150 亿~200 亿美元。雷军投资的公司长势喜人，在向来喜欢论资排辈的中国互联网领域，他又有了一席之地，《硅谷之火》重燃的时机似乎已经到来。

但事实上，雷军并不是一个职业化的天使投资人，他无法放弃一颗企业家的心，他的投资和创业都是为了追逐自己的梦想：像自己的偶像乔布斯那样，打造出世界一流的公司。因此，天使投资并不是雷军理想的事业，他更喜欢投资自己，做自己想做的事。

因此，尽管作为天使投资人很成功，"雷军系"的许多公司都做得风生水起，很快成为行业翘楚，但对雷军而言，这样的成就还远远不够，有很多公司并不是他亲自创办和管理的，它们只是雷军商业眼光的尝试，承载不了他内心的志向和抱负。带着内心从未熄灭的梦想之火，尽管雷军创造了天使投资的神话，但是他仍然觉得意犹未尽。

可能正是基于这样的想法，小米手机的设想在雷军的心里悄然酝酿，并随着移动互联网浪潮的到来应运而生。这一次，雷军要做的是走在移动浪潮的最前端，牢牢抓住浪潮之巅那朵最闪耀的浪花。

痛定思痛：
一定要让小米在风口上

雷军受到两本书的影响最大，除了那本在武汉大学图书馆看到的点燃了他 IT 梦想的星星之火《硅谷之火》外，另一本是他在退隐江湖后看到的《异类》。

在《异类》这本书中，有这样一个故事：加拿大一个青少年冰球队中的明星少年大部分出生于 4 月份之前，也就是说 4 月份之后出生的人，在加拿大玩冰球基本不可能成为明星。究其原因，实际上和冰球联盟的报名时间有着很大的关系。加拿大冰球队的少年入选标准是在当年 1 月 1 日满 9 岁的青少年能入选少年队，如果出生稍晚，就得再等上一年。这样一来，接近 10 岁的孩子在体能上肯定比 9 岁的强。因此，这些明星球员多出生于 1、2、3 月。

在美国的 IT 界，也存在这样的现象：微软董事长比尔·盖茨 1955 年出生，苹果创始人史蒂夫·乔布斯 1955 年出生，谷歌 CEO 埃里克·施密特 1955 年出生。这是因为 1955 年前后正是计算机革命的时期，如果你出生太早，就无法拥有个人电脑；如果出生太晚，计算机革命的好机会又被别人占去了。

就像那些加拿大冰球队的明星球员一样，出生的时间成为偶然中的必然，纵然体力再好也没有用。所以，想在美国的互联网行业大有作为，如果是 1954 年出生，太老；而如果是 1956 年出生，又小了一点。雷军认为，这可能就是人们所说的"时势造英雄"，85% 是靠运气的。

而雷军一度是不服输的。其实中国的软件业生态非常糟糕，行业里甚至曾有"微软到处，寸草不生"的说法。金山本来起步晚，而且刚起步又差点被微软这样的行业霸主扼杀在摇篮里，好不容易在夹缝中生长起来，还没有占领多少市场，盗版又铺天盖地地发展了起来。

在很长时间里，金山就算陷入"前有微软、后有盗版"的困境，也坚持死扛民族软件旗帜。那时的雷军相信：不怕苦，不怕累，人定胜天。但互联网的车轮摧枯拉朽的态势轰然而来，这是任何人凭努力都无法改变的。尤其到金山后期，一些人和事强烈地刺激着他，让他不由得去思考为什么，这时的他才逐渐意识到成事，尤其是成大事，也有一定的玄机，那就是"顺势而为"。

其实，雷军已经看到太多互联网公司在短暂时间内成功，1998 年前后进入互联网的那一批创业者，不管是张朝阳、丁磊还是马化腾，都在很短的时间内取得了成功。他们从创业开始到公司上市，最长的也才用了 3 年时间。这比起金山从 1989 年诞生到 2007 年上市用了近 20 年的时间简直是天差地别。对此，雷军也曾感叹"在盐碱地里种草，不如在台风口放风筝"。

雷军曾经研究那些互联网公司从创立到成功之路，发现他们也许奋斗经历各有不同，但是有一点无疑是一样的，就是他们选对了阵地。其实在同期，世界上增长最快的高科技公司就是互联网企业，不管是之前的雅虎还是后来的谷歌，总之互联网才是最适合创业的地方。

虽然雷军是少年成名，一入互联网江湖就势不可当、名声大振，他带着金山做软件、做游戏、做电子商务，把每个项目都做到细分领域的前几名。但是，当人们看着金山非但成不了全球 IT 业的一流公司，连 IPO 都要苦战 8 年，也就不断有人问雷军："为什么那么多人不如你都能成功？"

据说，类似的话一直刺激着雷军，甚至成为他心中解不开的结。到后来，雷军对金山的商业道路、价值体系的怀疑也越来越强烈。回顾自己在金山16年的风雨历程，雷军感慨万分。当他致力于金山软件开发时，吹着东风的是互联网。站在这个风口上，很多小草一样的小公司几乎一夜之间就长成了参天大树。卓越网夭折时，互联网的台风吹得正强劲，而雷军不得不继续为软件公司的上市而日夜煎熬。

实际上，在金山的16年，雷军就像是推着石头上山的西西弗斯，有一半时间为了上市目标苦苦攀登。这是个异常艰难的过程，他勤勉、努力，但换来的更多是人们同情的眼光。到最后，苦心经营的金山虽然上市了，但是在日新月异的互联网行业，它依然摆脱不了被边缘化的命运。而为了金山竭尽全力的雷军，早已身心俱疲。

离开金山后，雷军开始反思自己。他是这样说的："我反思的起点是卓越。卖掉卓越对我是个很大的打击。有半年的时间，我非常痛苦，有卖儿卖女的感觉。互联网来了，不做互联网就OUT，巨大的危机感促使我动手做卓越。先是作为金山一个业务部门试一试，等到我完全想透要做电子商务的时候，金山董事会不同意……人在痛苦中才会思考，我思考的结论是要顺势而为。要顺势而为，就要做移动互联网。"

雷军也一直认为苹果的巨大成功正是基于顺应了移动互联网这一时代潮流。在移动互联网时代，手机不再简单的只是一部手机，而是更像一台掌上电脑。传统的手机厂商因为没有意识到这一点，仍旧在传统手机的概念中大做文章，被最早察觉出变化并顺势而为的苹果迅速打败是很自然的事情。

痛定思痛之后，雷军终于说出了那句著名的话："站在风口上，猪也能飞起来。"他相信，随着手机用户的大规模增长，移动互联网一定能成为未来的趋势。紧接着，雷军一边观察着大方向一边又陆续投资了20多家企业，在那段时间，他把在"台风口放风筝"的理论发挥到了极致。很多他投资的公司都在非常短的时间内取得了成功，成为投资界"万无一失"的传奇天恒。

在将近 4 年的投资生涯中，他渐渐地感觉到把握风向的好处，做事也更加讲究"顺应天意"。当有人问起他"为什么能准确地把握投资方向"时，雷军幽默地说，自己每次投资之前都会观天象、看风水。实际上，他是在挑战自己，改掉骨子里不服输的性子，去顺应一种趋势，而不是与之抗衡。

其实，早在 2005 年，雷军在卖掉卓越之后就已经开始研究移动互联网和电子商务。后来，他在自己的新浪博客上也陆续写文章发表观点："未来移动互联网将 10 倍于 PC 互联网的规模。"

2010 年，雷军发现，移动互联网在全球才刚刚开始，这是一个千载难逢的机遇，他终于找到这个"猪都能飞起来"的台风口。而这个时候，雷军已经观察了移动互联网 5 年时间，看过了国内所有的厂商，但是一直没有找到令他满意的终端。再加上对于整个手机行业的了解，雷军一直认为大屏幕智能手机就是这个时代最大的机会。

雷军曾说："再次创业，一定要满足我喜欢、我擅长而且有足够大的市场机会。"2010 年 4 月，他突然意识到自己重燃梦想的时机成熟了。多玩网总裁李学凌曾对他说："如果你这辈子还要创业就应该做手机，做手机至少要卖我一股。我相信，手机时代一定会来临。"

于是，这个不折不扣的手机控选择了大屏幕智能手机兴起的这个最大的台风口，决定顺势而为，最终自然而然地走上做一款拥有死忠发烧友的顶级智能手机这条道路——2010 年 4 月 6 日，小米诞生。

"登到山顶看到风景很漂亮，将山顶上的石头往下踢，这是小米要做的事情。如果小米是把一个 1000 公斤的石头运到山顶上，那一定没有现在的精神面貌。最重要的已经不是勤奋，而是对大势和人的判断，顺势而为。"雷军这才发现，爱迪生所讲的"成功就是 99% 的汗水加 1% 的灵感"后半句已经被他有意忽略，"其实，1% 的灵感的重要性远远超过前面的 99%"。

再回想起之前在金山推着石头上山的日子，难免令雷军百感交集。他突然觉得，有时候人生充满了神奇的味道。第一个阶段不管怎么勤奋、苦干，偏偏难遂人意；第二个阶段仿佛突然拥有了与这个世界对话的密语，通关竟变得异常简单。"我只要一认命、一顺势，就发现自己风生水起，原来不认命的时候老干逆天而为的事情，那叫'轴'。"雷军这样形容自己。

在接受凤凰财经《总裁在线》专访时，谈及创业过程是否走过弯路，雷军说道："觉得自己一直不能大成，就是受我们传统教育的障碍。我们传统教育鼓励聪明孩子聪明加勤奋，天下无敌。但是事实上我觉得等到 40 岁时我已经非常清楚，光靠勤奋和努力是远远不够的。"在他看来，"台风口甚至是必备，是大成的前提"，因为如果选择错了方向，就像是在盐碱地上种庄稼，光有勤奋，也很难收获。

雷军终于明白只有在看清行业发展方向，选准道路之后，再去埋头苦干，才有大成的可能。比如说金山毒霸，产品质量好不好？好。但是为什么最后输给了 360 呢？就是因为 360 开创了免费杀毒的先河，短短时间内 360 攻城略地，抢占了杀毒市场的半壁江山。

后来金山明白过来，再想改为免费杀毒和 360 竞争，为时已晚。这时 360 不仅拥有了大量用户，更重要的是开始了从单机软件向互联网杀毒软件的过渡，而且 360 开始从安全开始转而去做浏览器，抓住了互联网的发展机遇。这时的金山，已经被远远甩在后面。

而小米的创办，既是雷军对过去经验的总结，也是雷军对未来蓝图的设计。之后，小米一经发布就掀起巨大的风暴，小米手机一直处于供不应求的状态，这一切都超越了雷军的预想。"从创业讲，第一步应该已经成功了，核心原因就是我们运气好，而不是我们有多大本事。在对的时候，干了对的事情。毫无疑问，我们找对了一个风口，连猪都能飞起来的风口。能引起这么大的关注，有这么多人知道，就是形势比人强。"雷军不无感慨地说。

当然，惊喜之余，雷军也体会到站在风口上借力飞翔的感觉。这一次，他终于让小米站在了强劲的风口上。

胆识的力量：
把互联网 DNA 注入小米

2012 年 6 月，小米以 40 亿估值完成新一轮融资之后，2013 年 8 月小米再次融资，这一次创立仅 3 年零 4 个月的小米整体估值已经高达 100 亿美元，其发展速度之快，甚至在全世界都史无前例。而且，毫无疑问的是，这一纪录还将会被小米不断刷新。

100 亿美元是什么概念？不妨先看一下这样的数据：

在智能手机领域，黑莓的市值为 53 亿美元，HTC 的市值为 42 亿美元，2013 年 9 月微软以 72 亿美元收购了诺基亚手机业务。由此可看出，小米不仅可以收购整体的诺基亚手机业务，还可以同时收购黑莓和 HTC 两家公司。

在互联网领域，小米的估值仅次于阿里巴巴集团、腾讯、百度，不仅超过了网易，还把新浪远远甩在身后，这意味着小米已成为中国第四大互联网公司。

面对外界的惊叹和疑问，雷军对媒体表示："小米的高估值源自小米脚踏两只船：左脚是互联网，右脚是智能手机。"这一说法正好体现了小米对自身的定位的介绍——小米是一家专注于高端智能手机自主研发的移动互联网公司。因此，虽然大多数人会将小米归类为手机厂商，但对于小米而言，拥有互联网 DNA 给了小米更广阔的成长和发展空间。

小米的成长速度也似乎给了雷军更多的信心，他这样说："小米才刚刚开始，我们的未来会更夸张。"雷军的野心远比人们最初想象的要大，而这野心给人们的感觉并不是空中楼阁。

实际上，雷军一直很清楚，在移动互联网时代，互联网这种模式对整个终端的影响都是非常巨大的，从用户使用的体验到商业模式的颠覆等都可能是决定性的。雷军考虑最多的就是手机的软硬件与互联网融合的问题。

比如，能不能够在网络上搜集用户的建议，每星期发布一个操作系统的新版本，不断更新和改进各种问题，让用户感到手机每天都更加好用；手机的销售能不能只在互联网上做直销，去掉渠道分销中百分之三四十的加价，让手机更便宜；能不能直接在网络上最快捷、最有效地为客户提供服务……

2013 年 4 月 18 日，雷军在微博中说："我们和用户一起开发互联网手机，上百万用户贡献了自己的智慧，这就是小米的互联网 DNA！"用互联网思维武装小米，可以说是雷军进军手机市场的秘密武器之一。

负责小米手机硬件的联合创始人周光平，和雷军最契合的观点之一就是雷军提出的互联网化的产品开发模式。周光平对于雷军的说法极其赞同："好的产品就是用户自己定义的，而不是工程师自己拍脑袋定义的！"

两人一致认为，小米手机就应该采用互联网的形式开发，先弄明白用户最需要什么，再将用户需要的东西做出来，而不是自己首先做好了拿出来给别人用。小米的选择是走更彻底的互联网模式：充分听取用户的声音，快速试错，快速迭代。

那么，武装小米的互联网思想具体是什么呢？雷军曾详细解说："互联网不仅仅是网络设施，我觉得更重要的是思想，你怎么用互联网这种思想来颠覆很多的传统产品。互联网思想，我曾经自己作了一个总结，七字诀：专注、极致、口碑、快。"

首先是专注。雷军认为，只有足够专注，才能将一件事情做到极致。能不能把精力集中到一点上，决定了是不是有强大的穿透力。比如，练书法其实只要写好一个"永"字就够了，就能把所有汉字都写得很好看。永字八法，一个"永"字涵盖了所有汉字的笔法精意，这说明大道至简。

带着专注的思维做事，雷军一直坚信大道至简，少就是多。这一点，他受乔布斯的影响颇深。

1997 年，接近破产的苹果请回昔日的老帮主乔布斯。乔布斯一回到苹果，就向整个团队传达了一个理念：决定做什么和决定不做什么一样重要。他举行了一次产品评估大会，发现苹果的产品线十分分散，有很多产品根本没有做下去的必要。

比如，版本繁多又编号复杂的麦金塔计算机，在他眼中就是十足的垃圾产品。"这么多的产品，这么多的版本，你们究竟向别人推荐哪一个？"乔布斯很快就将 70% 的产品砍掉了。之后，苹果高度集中研发了 4 款产品，从而让濒临破产的苹果起死回生。紧接着，苹果又着手研发新的移动设备，最终做出了 iPhone 和 iPad。

作为乔布斯的崇拜者，雷军将遥遥领先的苹果和其他的手机生产商作了一个比较，发现苹果的成功就是因为足够专注。所以，他对小米的定位是，专注于高端智能手机市场，不做全价格线的智能手机。

"难的不是出 10 款手机，而是简简单单做好一款手机。"苹果就赢在只专注于一款手机的开发。受到乔布斯做苹果的启发，雷军发现，做好一个东西比做好两个东西更难，比如只有一个型号，你很清楚它的好与不好，有两个型号你就不容易看清楚各自的优势究竟在哪里。

其次是极致。雷军认为，极致就是能不能做到自己能力的极限，用尽自己的全力把产品做到无可挑剔。

小米手机进入时的互联网，是一个处于混战中的战场。小米手机出现前后两三年，互联网企业中已经有百度、阿里巴巴、腾讯、新浪、人人网、盛大等知名公司进入手机领域，抢占移动互联网的先机。百度与戴尔合作推出戴尔智能手机 D43 之后，又联手长虹推出千元智能手机；阿里云计算公司则以手机操作系统阿里云 OS 为基础与天语合作；腾讯与中国电信以及华为、中兴、酷派、天语和海信等 5 家手机厂商联合发布了 6 款 "天翼 QQ 智能手机"。大家都想在移动互联网领域争得一席之地，竞争非常激烈。

为了使小米手机在激烈的竞争中脱颖而出，雷军选择了像苹果那样将产品做到极致的理念。他给小米定下了基本的发展路线：用移动互联网做手机，做到极致，形成不能复制和替代的核心竞争力，击败对手。他为小米选择了双核 1.5G 处理器，并且花费了很长时间和精力寻求最顶尖的合作商。

第三点是口碑。雷军认为，好的口碑是用心经营出来的。因此，小米在经营口碑上，下了很大的工夫，也用心地为用户做了很多事情。

比如，小米团队曾经做了一件回馈 30 万老用户的事情。那个时候，小米刚刚上市，有 30 万人在网上排队预订小米手机，最长的甚至等了 100 多天才拿到手机。

小米为了向用户表达感恩之情，给 30 万用户每人 100 元的现金券，不附加任何条件，可以在小米网上买任何东西。雷军还要求小米团队给他们寄了精美的卡片，上面写着感谢他们对小米的支持。这些微不足道的小事，都有利于小米在市场上形成很好的口碑。

第四点是快。这里的快，也就是动作要快，互联网追求的是一种速度。"天下武功，唯快不破。互联网创业，速度一定要跟上去。""要死也要死得快，早死早超生！"这些都是雷军说过的话。他很清楚地知道互联网是一个快速发展的行业，每天都有新的事物产生，用户需求变化得非常快，竞争也很激烈，一旦速度跟不上，就会被淘汰。另外，企业在快速发展的时候风险往往是最小的，也会掩盖很多问题。

于是，雷军决定加快小米的发展步伐，试图将开发周期控制在 3 ~ 6 个月。快速的开发容易跟上整个市场的节奏，节约成本。为了让小米手机迅速占领市场，雷军在小米的定价上下了很大的决心，小米团队也在讨论定价的问题，最后雷军一锤定音：1999 元面市，用最高的配置和最低的价格造成巨大的反差，快速打动消费者，赢得一定的市场份额。

听到反对的声音，雷军说："产品一出就要秒杀对手，这样才有意义！从来没有人看到小李飞刀是怎么飞出去的，因为见到的人都死了！"只有在获得一定的用户之后，整个互联网商业模式才能运转。雷军知道，能不能打赢这一战，速度是关键，要是演变成持久战就不好办了。

随着小米手机的渐渐走红，一系列配套产品也相继推出。最有意思的要数"米兔"——一款戴着雷锋帽、系着红领巾的很可爱的玩具。这款产品在小米网站属于最畅销的产品之一，每天限购 2000 次，不穿衣服的卖49 元，穿衣服的卖 99 元。

其实这个产品也是雷军"快"字理念的一个体现。雷军开玩笑地说："它叫雷锋兔。你们知道为什么这么叫吗？那是因为它是雷军做的手机品牌。那为什么叫兔子呢？因为天下武功，唯快不破，我们强调快，兔子是跑得最快的。"

用"专注、极致、口碑、快"的互联网思想武装后的小米，在行业内可以说是"不鸣则已，一鸣惊人"，因为它重新定义了手机的制造和营销模式，并最终以颠覆者的姿态接受着用户的喜爱和簇拥，也领受着同行的惊恐和追赶。

但是，雷军对此似乎显得异常自信和从容，也许是因为他知道小米要做的还有很多，而且正在用心去做。

第四章
小米为什么能赢——从头到脚都在颠覆

什么叫颠覆？颠覆就是颠倒常规的思维，并且覆盖可用的优势。做到这一点只需要两种东西：一个是胆子，另一个是脑子。

强者总是相似的，弱者总是在抱怨；强者在每一次忧患中都看到一个机会，而弱者则在每个机会都看到某种忧患。

从 APP 开始：
不合常规才有机会

　　到底什么是以互联网的模式做手机曾经是外界对小米的最大迷惑之处，如今看来，所谓雷军式的小米手机开发方式，其实就是所谓"先 APP后 ROM 再手机"的开发三阶段。

　　APP 无疑是属于软件应用层的内容，ROM 则是操作系统物理层的核心，但不管怎么说，这两者还是属于软件性质。真正的硬件才是手机的各种物理配置，诸如芯片、元器件、电池、外壳等。在智能手机异军突起的一段时间，深圳华强北近千家手机制造商对于这样的方式是完全看不懂的。

　　要知道，即便在诺基亚的塞班系统流行的数年时间里，软件一直是微不足道的点缀，包括移动互联网的各类电子书、JAVA 程序、浏览器、视频应用，都属于手机的娱乐功能。手机游戏和电子书唯一的功能，只是作为从通讯运营商那里分到流量营收的一个中介工具而已。设备本身的制造成本要远远高于软件服务的设计成本，如果谈到手机，人们立刻会想到富士康的代工厂和中国最大的一系列山寨手机通讯制造商的铺货能力。要做手机，先要向手机上游的元器件制造商问路，讨价还价，否则一切免谈。

　　谷歌原本是不制造任何硬件产品的，为了抵制苹果系统的垄断威胁，才开发了敌对性的安卓系统。没有任何电商经验的谷歌发布 Nexus 的时候，其实就采用了互联网销售，可惜在众人不看好的氛围下，这种冒险只能让谷歌铩羽而归。

　　大多数人不知道的是，电商起家的雷军却走出了谁都不敢走的一步。雷军不想走老路，首先，他不是硬件工程师，从金山起他在技术上就不是领导者。雷军知道什么是互联网，他拥有真正的眼光，也就是所谓识别风口的投资眼光。APP 是互联网的软件，他熟悉，轻车才能熟路，"先软后硬"的路子才是适合他的。

　　小米科技 7 个联合创始人最先加入的 5 个人不是互联网背景就是软件背景，只有最后加盟的 2 个人，周光平和刘德是硬件专家。另外很重要的一点是，一般的硬件工程师只当雷军在动用天使投资人的全部手段，在忽悠他们上当。不管雷军怎么说得天花乱坠，工程师们还在怀疑和质问：郭台铭怎么看呢？

　　2010 年 4 月小米正式成立，这一次雷军要重新定义一些东西。在他眼里，乔布斯重新定义了手机，创造了新的生态规则，而他自己则要重新定义手机的战争，要打一次移动互联网的战争。雷军规划 APP 准备半年时间，ROM 一年时间，一年半之后再做手机。这就是互联网公司的产品逻辑。

　　"雷军从一开始打的就是一场三维的战争，玩法完全不同于传统手机厂商，"迅雷联合创始人邹胜龙说，"小米把中国手机行业的竞争从冷兵器时代直接带到了现代战争。"

　　从前雷军在做卓越网的时候，首先想到用互联网的方式卖书，那时几乎所有的人不相信他能做到这一切。如今人们发现，互联网是最适合卖书的地方。电子商务时代 3 次重大革命，雷军作为最早的从业者之一，本身就是这当中的主要当事人。

　　传统的手机商们之所以观望小米，甚至冷嘲热讽小米的开发模式，讥讽其蛮干脱离实际，也是有原因的。国产手机在十几年前正是依靠价格而非配置驱动占领市场的，"中华酷联"（即中兴、华为、酷派、联想）在智能机时代填补了摩托罗拉、日系手机甚至诺基亚离开后的空白。

问题是，这一次，雷军看准的不再是渠道，而是渠道衍生出来的用户体验。互联网的用户之所以选择互联网，正是因为他们独特的需求和消费模式。发烧友很少去营业厅买手机，他们青睐网络社区论坛，通过互动发现好的产品。这才是小米先做 APP、ROM 等互联网产品的原因。

当小米手机出现的时候，这款产品就不再是传统的手机作坊，下订单购买的模式，一开始，他就是没有中介的，是买者和卖者的直接交流。雷军问黎万强：能否一分钱不花，把我们的品牌打出来？黎万强说："互联网产品最大的特点，就是能够以近乎零成本的优势获取无限用户。"在论坛上提出内测公开帖不久，黎万强就精心地从内测团中挑出最初 100 个成员。

小米创立之初，雷军认为中国至少有 100 万发烧友，如果这些发烧友通过口碑传播，足可以影响和改变身边人们的消费方式。圈子和关系的最大好处是，现在小米的用户的需求看起来更加一致或者能够划出圈子。要知道，任何时候，差别化的产品最需要的最基础的一点还是划分顾客人群。

雷军和小米过去不到两年的创业，本身就是"不合常规"的。但雷军说："一夜之间，几乎所有智能手机公司都在快速成长，小米可能只是长得最快的一家而已。"问题是，光有发烧友的热情还不够，最终见证小米实力的还是手机本身。供应链问题一直是个短板，黎万强好不容易发帖子：明天小米放单 1000 台 一个小时之后，周光平的硬件服务商说泰国发大水了，订单至少要暂停 5 天。骂声、批评声响彻网络。那一晚，黎万强一个人拍烟抽到凌晨 4 点。而关于小米手机的质量的质疑也一直存在。对于 ROM 的设计，雷军高度关注，任何不了解无法贯彻互联网产品精神的设计，不管是谁做的，都要立刻改掉。

小米的硬件配置一直被定位为"高配"，在和周鸿祎的多次论战中，雷军进一步解释了小米过硬的硬件配置的特点。在其他厂商还在纠结是否使用更好的芯片时，雷军认为摩尔定律在手机芯片上的效应迟早会出现，小米手机大胆地采用了高配一代的芯片配置，在其他厂商刚刚明白的时候，就迅速从单核跃向双核甚至多核。一直到今天，能够真正地使用多核系统又保持高分辨率屏幕的手机，小米还是独一无二的。此外，采用亮丽的色彩外壳、精致的耳机、电池等设计，每一次都大大地满足了"米粉"的胃口。在发烧友们看来，小米的工程机的性价比也已经超越人们的想象。这是硬件的最大成功。

　　当有记者问雷军是否感觉小米公司越来越像苹果时，雷军说："我觉得我们跟苹果还是蛮不一样的。相同点是因为我们都做手机，这个没办法，但模式完全不同。比如说小米手机的销售渠道几乎完全靠电商；苹果第一是靠运营商，第二是开线下店，第三才是网上。另外苹果定位很高端，我们定位在平民价，我们从产品到模式差别很大。"

　　其实，雷军不在乎小米是手机公司还是互联网公司，是硬件公司还是什么样的公司，他只关心小米是不是具备很强的活力，是不是很受消费者喜欢。这种互联网开发模式虽然是"铁人三项"的核心，但也许在雷军心目中，它的真实价值还在于它是小米实实在在的竞争力所在。

手机只在网上卖：
前人的经验不一定靠谱

在 2013 年 11 月 11 日的"双十一"网购狂欢节，天猫 350 亿的交易额占据了各个网站和报刊的头版头条，而紧随其后的就是小米在天猫"3 分钟销售额破亿'的销售速度神话，并创造了高达 5.5 亿的全天销售额。

之后，在"天猫 2013 年双十一销售额排行榜"上，无论是"店铺交易排名"，还是"宝贝销量排名"，小米都位列榜首，而且小米 3 TD 版、红米、小米 2S、小米 2S 电信版，分别占据"宝贝销量排名"的前四位。这无疑力证了小米手机持续火爆，以及小米只在互联网上卖手机所积聚的效应。

在手机行业曾有这样一个说法："现在智能手机只分两种，苹果和非苹果。"雷军知道这句话产生的缘由以及它背后的含义，所以，他一针见血地说出一个词——"颠覆"。在一步步创办小米的过程中，雷军深知，打败苹果的方式绝对不是再复制一只苹果。

雷军显然不会选择没有颠覆地做自己的事业，他要做的不仅是颠覆自己，颠覆手机行业，还要颠覆移动互联网产业。于是，他给小米的颠覆性定位是：通过互联网方式研发的小米不设任何线下销售渠道，而是用电子商务的方式，只在互联网上销售小米。

其实，雷军很早就敏感地发觉，随着智能手机战场的竞争日益激烈，手机厂商靠硬件获得高利润的模式必然难以为继，而用互联网的方式销售，直接面对终端消费者，可减少中间环节，节省所有中间成本，让小米手机与同等配置手机相比更具有价格优势。除此之外，这种互联网销售的方式不仅很有时尚感，而且还便于手机购买者根据自己的喜好在线定制手机后壳等多种手机配件，满足小米手机发烧友个性化的需求。

然而，小米的这种方式也曾不被人们看好。因为之前手机的销售模式，一种是门店销售，通过全国的各级代理，在手机城、电器商场、专卖店等地销售；一种是与移动运营商合作，推出合约机型。虽然京东、淘宝等电子商务网站都有手机产品的销售，但是消费者网购手机并不是主流。小米要想通过电子商务模式进行销售，而且要在自有平台销售，难度可以说非常之大。

而且在小米之前，采用互联网销售模式的最著名手机，就是谷歌推出的第一款自有品牌手机 Nexus One，这部手机曾被谷歌寄予极大的厚望，但是反响并不尽如人意。由于只在谷歌官网上销售，没有经验的谷歌并没有处理好它随后遭遇到的各种各样的客户投诉。

实际上，Nexus One 几乎验证了互联网销售手机的所有短处。比如，由于消费者看不到和体验不到实体机，很难决策是否购买；网上购买手机容易让顾客的期待与现实产生落差；互联网销售取消了分销商，会导致在最底层缺乏发力营销的渠道；售后服务单靠网络解决，在时效性和返修的费用方面都有很大困难。

因此，Nexus One 的互联网销售很不理想，Nexus One 在其发售两个多月后仅售出几万部，市场的冷漠也很快证实这是一个失败的案例。最后，谷歌不得不在推出仅仅半年后就停售了这款手机。而且，Nexus One 还被美国《时代》周刊评为"年度三大失败的科技产品"之一，理由是谷歌没有良好的市场营销，没有零售渠道，手机 3.7 英寸的屏幕以及滚球的设计方式都存在着很大的缺陷。这一度让谷歌负责 Android 平台的掌门人安迪·鲁宾非常难堪。

因此，雷军为组建小米的创业团队，到谷歌挖工程师时，对方听到小米是在互联网上卖手机，就问了雷军很多特别尖锐的问题。在他们的思维里，实力强大的谷歌只在互联网上卖掉了几万部手机，刚准备创业的小米凭什么敢在互联网上卖手机？而且，为了进军通信市场，互联网巨鳄谷歌不得不以 125 亿美元收购了摩托罗拉移动，小米能有实力打开手机市场吗？

这些问题也都是雷军思考过的。雷军以 Nexus One 的失败为例，分析了要想以网络销售的方式在互联网上卖手机，就需要满足两方面的条件：第一个是先做好营销，打造知名度，这样才会有人在网上购买；第二个是要有足够的力量解决售后问题，让人们放心在网上购买。

说到底，谷歌的失败是不懂如何通过互联网的方式做手机，而雷军深谙此道。早在 2007 年，他就用电子商务的模式成就了互联网品牌卓越网，而现在，他也有办法用互联网模式成就手机品牌小米。雷军要做的是，让小米做到当年谷歌都做不成的事。

显然，小米在制定销售方式时避免了谷歌 Nexus One 失败的做法。雷军格外强调对核心发烧友团队的重视，认为他们可取代终端销售商，进行口碑营销；同时，与具有丰富电商经验的凡客诚品合作，由后者负责仓储、配送甚至售后服务；最后，在 MIUI 论坛事先经营了 30 万高活跃度的用户。这大概也是雷军所谓"只在互联网上卖手机"的底气所在。

而且很幸运的是，小米碰上了微博大爆发的时候，小米手机在正式发布前，其团队充分发挥了社交媒体——微博的影响力。2010 年小米迅速抓住这个机会，并将微博营销变成其塑造品牌的主战略。从小米网的组织架构上，人们都能看到这种战略聚焦，刚开始小米网的新媒体团队就有近百人，其中小米论坛 30 人、微博 30 人、微信 10 人、百度、QQ 空间等 10 人，全力利用互联网的社交媒体做小米的营销。

比如，在小米手机发布前，通过手机话题的小应用和微博用户互动，挖掘出小米手机包装盒"踩不坏"的卖点；产品发布后，又掀起转发微博送小米手机的活动，以及分享图文并茂的小米手机评测等。在小米发布之前，雷军每天发微博的数量在 2 ~ 3 条，但在小米手机发布前后，他不仅自己在微博上高密度宣传小米手机，还频繁参与新浪的微访谈，出席腾讯的微论坛、极客公园等活动。

除此之外，雷军的朋友们，包括过去雷军投资过的公司高管，如凡客 CEO 陈年、多玩网 CEO 李学凌、优视科技 CEO 俞永福、拉卡拉 CEO 孙陶然、乐淘网 CEO 毕胜等，都纷纷出面在微博里为小米手机的宣传造势。作为 IT 界名人，这些人中的每一个人都拥有着众多粉丝。可以说，微博的营销功能被小米团队运用到了极致。

最终，小米凭借着泡论坛、拉粉丝，在微信、微博上的营销宣传，小米第一批 30 万台手机很快被抢购一空。之后，小米在线预订都在不断上演，并不断刷新之前的神话。仅 2012 年，小米手机在线销售出 730 万台。

事实证明，小米手机的确实现了完全在线销售，不过并非像人们预想的那样直接在凡客、乐淘等电商平台销售，而是购买域名自建电商平台，直接在小米官网上进行销售。在筹办自己的电商平台过程中，小米借鉴凡客、乐淘等兄弟公司的经验和资源，打造了完整流畅的在线销售服务体系，而配送服务则采用凡客的物流配送体系。

小米创造的奇迹，可能超过了很多人的预料。在没有做任何广告的情况下，小米团体仅凭借网络媒体，靠病毒式营销，成功地实现了品牌的推广，就让很多人认识了小米手机以及小米公司这个大家庭。

　　同时，小米手机也创造了国产手机销售的新纪录，在首发之后，仅仅34个小时，小米手机的预订量就超过了30万台。雷军打造真正的互联网品牌手机这件事，终于不再被外界质疑。

抢首发 + 期货：
颠覆的道路上难有理解之音

当年乔布斯在每年的发布会上推出一个又一个令人惊艳的产品，一直被人津津乐道。雷军在小米手机的首发仪式上有意无意地在模仿苹果，模仿乔布斯，但是又往往推陈出新，搞出许多新的噱头来。比如2011年8月16日，小米1的发布会上，陈年、俞永福、李学凌等一众好友把iPhone一起摔在地上，大呼"我们要小米"，戏剧性十足。

在台下的对手们，其实并不对此服气。原因很简单，大部分竞争者的看法是，雷军就是在"山寨"乔布斯的营销方式，在华强北见惯了这种"阵势"的中国手机制造商们，大多对此不屑一顾。

后来，他们发现雷军居然在网上开始卖手机了。有分析人士立刻说，这又是山寨，这回山寨的是谷歌。他们在一旁冷笑说，谷歌在网上卖手机完败，雷军这是借尸还魂，制造噱头。可是，雷军还真让黎万强在网上找了100个超级粉丝作为测评员，系统只要更新或者修改，就让这100个人做体验、提建议。动真格的雷军，真的不是玩弄互联网概念。

再后来，小米开始在网上搞首发。于是，一个新的指责出现了，有些分析人士说，雷军的做法，其实就是在搞金融投机商的做法。雷军卖的是一种稀缺的概念，玩的是期货模式。可是，稀缺和期货，这也不是什么新鲜的东西。言外之意，还是对小米的刻板描述：雷军还是在山寨，即便他每一次出现之时，都会说自己在创新。

到现在，连雷军本人也不再避讳外界的这种观点，他甚至确认了：小米之所以能够在短时间内获得巨大的成功还有一点就是小米采用了"抢首发+期货模式"的销售形式。

所谓抢首发，就是企业要率先制作出硬件和软件都是最新，技术也最先进的产品来。高端的产品想做世界级的首发是件很难的事情，没有过硬的技术是做不了的。比如小米2全球首家采用高通APQ8064四核1.5GHz处理器，Adreno320图形处理器（拥有Xbox的图像处理效果），4.3英寸IPS超高PPI精度视网膜屏（1280×720像素），2G运行内存，16G储存空间，并且拥有全新一代背照式800万像素CMOS摄像头。从小米2的首发就不难看出，只有采用这些全球最好的硬件，顶级的配置，才能算是真正的全球首发，也才能打动消费者。

如果在10年前的中国，小米的这套隔代领先产品，可能在市场上碰得头破血流。毕竟技术是有一个推广和普及，以及偏好改变的周期的。贸然发动领先优势，往往得不偿失。举例说微软公司开发的IE浏览器版本，至今已经达到IE11以上，可是因为中国顾客的惯性，至今IE6还是全球市场上需求最坚挺的产品之一。新一代的浏览器提供者，即便宣称拥有种种快捷优势，还是不能收到奇效。

小米的成功，在于它前面的诺基亚也好，苹果也罢，甚至是山寨机公司的恶性竞争，实际上在无形中彻底改变了中国用户的偏好。这让隔代领先，真的成为一种可以接受的选项。

抢首发有两个方面要注意，一个是要抢在其他企业之前，如果你的团队费尽辛苦研发的首发产品却被其他商家给率先提出了，那么先机已失，销量自然成了问题。第二方面则是宣传要到位，既然是全球首发，如果草草了事，自然上不得台面。诺基亚靠着lumia手机本来还是有卷头重来的机会的，可是在一片颓废的情绪下，设计了几款安卓系统手机后，诺基亚的领袖们便虎头蛇尾，转而向微软伸出橄榄枝，糊涂了事。很多年前，热衷于在全球开首发发布会的诺基亚，现在成了最先在发布会上退场的公司。

2013年9月5日小米3发布会上，谷歌安卓前副总裁巴拉亮相小米，宣布加盟小米担任全球副总裁负责海外业务，爆炸性十足。每次小米发布会，都有数千铁杆米粉购票入场，场面激动火爆，丝毫不亚于演唱会的声势。事后再经过各大媒体的一番加工报道，小米的首发自然被宣传得众人皆知，小米的关注度迅速提升，而所有米粉则在翘首企盼新款小米正式发售的日子。

虽然后来澄清说，这个消息并没有给小米的销售带来直接的影响，但是通过这一次的造势，配上安卓系统副总裁的光环，也就更加和小米首发的气势匹配起来。而在全球的市场上，这更是牵动了风险投资者的神经，从俄罗斯风险投资巨头踊跃注资谈判的消息看，这一次首发在国际上的影响更加的大。小米在金融市场上的价值更加凸显。

当然有些人抱怨"期货模式"，主要是因为大量想买小米手机的人在网上预约排不上队，认为这是雷军的营销策略，所以心中不满。这里说是期货模式，只怕有指责的意思。不过小米的期货模式却非有意为之，而是因为手机行业都是这样，最新款在初期1～2个月上不了量，但一样要发布，这是硬件的规律，都需要一个爬坡的过程。

而小米的硬件从全球采购，生产却是富士康和英华达代工，很多环节小米并不能控制。不过小米公司会尽量去缩短这个时间表。另外小米被认为是期货模式，还有一个原因就是小米有意在减少库存的压力，因此订货量也一直较为保守。每次网上预约发售的时候，总是10万～30万部左右，卖完了才考虑下一批预约发售的情况。

不过期货模式也讲出了小米非常重要的秘密，就是利用了摩尔定律。小米新款采用最高端的元器件，一开始卖 2000 元，没利润。但是电子产品市场行情变化快，每个季度元器件都会降价，成本自然降低；而且随着小米公司销量增大，成本也会下降。由此，小米公司获得了双重的成本下降，自然就把低价策略的损失弥补了一部分回来。

　　雷军这么解释，自然也是迫不得已，作为一家互联网公司，雷军的产能一直是不足的。现在看，所谓抢首发和期货模式，也许只是无数次的偶然和小米特殊的结合而已。这种模式，到底是不是真的就像雷军说的那样全是小米的优势，恐怕还需要验证。

饥饿营销：
永远不要将事情做满

　　抢首发是因为小米有技术优势，而期货模式则是因为小米前期发展迅速但是产能略有不足。令人意外的是，这两种情况结合在一起，却无意中成全了小米"饥饿营销"的营销模式。

　　外界对小米为什么能取得这样的成功充满了好奇，雷军却用最简单的语言告诉我们小米是如何获得成功的。小米能够在短时间内获得成功，除了产品质量过硬之外，营销的成功也是一个非常重要的因素。那么，小米都使用了哪些营销方式呢？

　　小米做手机，不打广告，只在微博、微信和网络论坛做口碑，结果硬是塑造了小米品牌的高端高性价比品牌形象。

　　小米卖手机，不开专卖店，不通过渠道代理，完全通过网络电子商务的形式销售，结果小米手机只要做出来一批就卖空一批，一年卖出 719 万部小米手机。这些不是因为别的，都是因为雷军了解互联网，并充分利用了互联网的特点为小米服务。

　　小米充分利用了小米论坛、微博、微信这些互联网营销手段。2010年年底，小米准备为即将推出的小米手机宣传造势，黎万强负责营销任务。如果按行业惯例，100 万台手机的销售目标，约 20 亿的销售额，那么广告费至少要 5000 万元。考虑到小米公司一向在营销费用上比较节省，黎万强设计了一个 3000 万的全国路牌广告计划，但是黎万强没有想到雷军直接把这个计划给否了。雷军提出的要求是，不花一分钱做宣传。

雷军让黎万强不花钱，就是希望他能够按当年做 MIUI 通过数字营销的手段来实现。2011 年中期，黎万强创立了小米论坛。核心的技术板块包括资源下载、新手入门、小米学院，后来也增加了生活方式的板块如酷玩帮、随手拍、爆米花等。

由于有 MIUI 论坛的支撑，小米手机论坛的用户增长非常快，两年时间小米手机论坛用户达到 707 万，日发帖量 12 万。而且小米论坛还有一个强大的线下活动"同城会"，截至 2013 年已覆盖 31 省，各同城会自发搞线下联谊活动。而小米官方则每两周都会在不同的城市举办"小米同城会"，根据后台分析哪个城市的用户多少来决定同城会举办的顺序，在论坛上登出宣传帖后用户报名参加，每次活动邀请 30 ～ 50 个用户到现场与工程师做当面交流。

小米新营销的第二个阵地是微博，得益于 2010 年新浪微博发展的如火如荼，越来越多的企业在新浪微博上进行宣传。黎万强果断决定开设微博，并大力发挥自己产品经理的特长，把以图片、视频为元素的事件型传播点，同时像做产品一样进行精细化运营。要做微博，自然要涨粉丝，而涨粉丝的秘密武器就是事件营销。小米微博团队先后策划了"我是手机控""150 克青春"等经典的事件营销活动。

"我是手机控"，从雷军发图片晒自己以前玩过的手机开始，随后大家相继跟帖，最后一共有 80 万人参与了这个活动，而活动吸引的粉丝数量则远多于参与的人群。

"150 克青春"则是为小米手机青春版造势的一个成功案例。考虑到这款手机主要针对的人群是大学在校学生，小米启动了一个主题叫"150 克青春"的活动，每天发各种图片，所有的素材就是校园的插画，比如说打篮球、翻墙、考试的场景等，大概一个多月之后，用户不明所以，都感到很奇怪，总问这个为什么叫"150克青春"。结果谜底在小米手机青春版正式发售的时候揭晓，150克是小米手机青春版的重量。这次营销完全是一个成功的悬疑广告。

通过几次成功的营销活动，小米微博粉丝大涨，到 2013 年小米手机加小米公司的微博粉丝有 550 万人，小米合伙人加员工的微博粉丝有 770 万人。

除了微博之外，小米在米聊平台和腾讯微信平台的营销同样搞得风生水起。米聊上小米学院用户超过 80 万，而微信平台小米官方微信的用户数突破了百万。

小米的"饥饿营销"，是指商品提供者有意调低产量，以期达到调控供求关系、制造供不应求"假象"、维持商品较高售价和利润率，也达到维护品牌形象、提高产品附加值的目的。将"饥饿营销"使用得最成功的是苹果公司。苹果 iPhone 在产品一开始推出的时候，就频频通过"饥饿营销"的方法制造新闻，抬高身价，积累人气，从而达到拉高购买预期，增加产品销量的目的。

小米的"饥饿营销"和上一节所述"期货模式"有很大的关系，所以说小米的饥饿营销既有产量限制的原因，也有其有意策划的一面。

如果说 2010 年小米 1 上市的时候，不了解市场，不敢多生产尚且情有可原。但是都卖了一年的手机了，销售出 300 多万台却还把握不住销量就让人有些奇怪了。所以小米的销售策略只能是有意为之。虽说通过期货模式，等到硬件降价之后才加大销售可以获取更多利润，但是如果新品推出势头正猛的时候不去销售，非让客户死等，难道不怕客户转而去买别的品牌的手机，鸡飞蛋打？

所以，这个"饥饿营销"一定要把握合适的度。"饥饿营销"的本质是拉伸了产品的生命周期，但是如何拉长有策略的。小米1上市到小米2上市中间隔了一年时间，如果照这个研发趋势，那么小米3的上市至少也要一年时间，这一年的时间要"规划着用"。雷军通过对产品定位，人群分析，以及对米粉数量等数据的了解，完全可以预估出小米2能销售出的数量。比如说，这个数字是700万台，他完全可以一次下订单让厂家生产，然后敞开销售，卖完即止。但问题是这样的话，那么除了在开始的第一个月会有一个抢购的高峰，后面2～3个月销售比较热之外，后面的销售会趋于平稳。而市场上每天都有新的智能手机诞生，性能可能比小米更好，价格也更低，这样在一年的剩下几个月中，小米2将失去市场的关注，销量也会逐渐下降。那么等新的小米3生产出来，小米又需要重新开始下一年度的宣传，这样小米就会和中华酷联一样，慢慢流于平庸。

　　而通过"饥饿营销"的方式，隔一段时间集中预售一次，虽然仍是700万台的产量，去总让人感觉供不应求。顾客的心理是，买不到的东西、人人都抢的东西才是好东西，所以小米2反倒因为买不到而在顾客心中越显得贵重。

　　这其中需要把握的就是这个间隔，间隔短了起不到效果，而且也吊不了顾客的胃口；间隔长了顾客就不愿意等了。在间隔的这段时间，宣传要跟上，让顾客随时能了解最新的进展，这样顾客才会一直等下去。小米产品一直在卖，一直供不应求，所以小米的宣传推广就可以围绕产品一直做下去，而供不应求本身就是值得炒作的话题，这样小米的品牌关注度就会一直居高不下。

　　最后一点就是饥饿营销要有一个结束点，拉长产品的生命周期是对的，但是不可能无限长，当一个产品通过饥饿营销销售到一定阶段的时候，必须有后续的产品能够接上，这样才能顺利地转移需求。

人们谈论小米的"饥饿营销"有支持的，有反对的，但是对于雷军来说"饥饿营销"是小米在这个阶段最合适的营销策略。小米从来不在媒体上做广告，其关注度却不在三星和苹果之下，俨然成了国产手机之中最著名的品牌，也是单品销量最高的品牌，"饥饿营销"起到了关键作用。

海底捞式售后：
多站在别人的角度换位思考

作为人生和事业最后的突围，小米被雷军寄予了厚望。而事实上，从最近两年雷军因小米在 CCTV "中国经济年度人物" 评选中所获得的奖项来看，小米也确实没有令雷军失望：

2012 年 12 月 12 日，雷军凭借小米的创新获得 CCTV "2012 年中国经济年度人物新锐奖" 称号，这一年的 "中国经济年度人物" 奖有阿里巴巴的马云以及万达集团的王健林。

2013 年 12 月 12 日，雷军又凭借小米 3 年 300 亿营收获得了中央电视台 "2013 年中国经济年度人物奖"，被排在获奖名单的第一位，排在第二位的是格力集团董事长董明珠。

"中国经济年度人物" 评选被誉为中国经济界的 "奥斯卡"，开始于2000 年，主办方是中央电视台，这一项评选活动以人物为线索和载体，梳理每一年度中国经济发展的脉络与走向，具有中国经济晴雨表的作用。

因此，CCTV "中国经济年度人物" 的获奖者名单一经发布，都会吸引国内公众和中外媒体的强烈关注，通过这个名单，可以做到对当年的中国经济 "一榜知天下"，而每一届的颁奖晚会也都会成为中国经济界的一场盛典。

在 2013 年的 "中国经济年度人物" 颁奖晚会上，雷军与董明珠在主持人陈伟鸿以及颁奖嘉宾马云和王健林的推波助澜之下，展开了一场 5 年 10 亿元的"豪赌"。当时，犀利的董明珠对小米的评价是：小米没有自己的工厂，小米把营销当作竞争力，小米没有共赢的思想。这显然让雷军很委屈，因为小米并非如此。

于是雷军反击道："互联网时代重新做消费者营销的时候到了，5 年之内，小米模式能不能战胜格力模式，我觉得看未来 5 年。请全国人民做证，5 年之内，如果我们的营业额击败格力的话，董明珠董总输我一块钱就行了。"

而心直口快的董明珠则迅速接招，进一步将战火烧大："我告诉你说，一块钱不要在这里说，第一，我告诉你不可能；第二，要赌不是 1 亿，我跟你赌 10 个亿。为什么？因为我们有 23 年的基础，我们有科技创新研发的能力，而且我们保守了过去传统的模式，把马云请进来，世界就属于格力，你只有一半，不行的。"

其实，小米与格力代表着截然不同的企业发展模式：从工厂数量来看，小米是 0，格力是 9；从专卖店数量来看，小米是 0，格力是 3 万多；从营业收入来看，小米年营业收入 300 亿，格力 1007 亿。从这样的数据来看，小米的 300 亿营收与格力的 1000 多亿营收显然相去甚远。

但雷军显然是对小米有信心的。事实上，正如他对小米的分析，小米的盈利模式最重要的正是不设工厂和渠道的轻资产，这可以从 3 个方面来看：

第一是小米没有工厂，所以它可以用世界上最好的工厂来为小米生产手机，而这一点更能体现小米与生产商之间的合作共赢；

第二是小米没有渠道，没有零售店，所以它可以采用互联网的电商直销模式，这样的话没有渠道成本，没有店面成本，没有销售成本，效率会更高；

第三点更重要的是，因为没有工厂，因为没有零售店，它可以把注意力全部放在产品研发，放在和用户的交流上，因此，小米 4000 名员工，可以 2500 人在做跟用户沟通的事情，1500 人在做研发。这样，小米就可以把自己的精力高度集中在产品研发和用户服务上。

至此我们不难看出，除了营销和研发，雷军对用户服务的重视程度。在互联网思维的武装下，虽然小米的确实现了"只在互联网上卖手机"的豪言，但是当小米站在风口上迎接飞腾速度的同时，也必然要承受风口浪尖的严峻考验。董明珠的格力空调作为传统制造业的模式，对互联网企业小米的挑战就说明了这一点。除此之外，只在互联网上销售，小米怎么做售后、怎么维护用户的忠诚度，这些也都是放在雷军面前必须解决的大问题。

其实，雷军早已意识到，小米要想继续成长和壮大，只做互联网营销显然是不够的，他还有一样制胜的法宝，那就是：在服务精神上小米要向海底捞学习，要做好互联网服务。在雷军的商业理念中，顾客在商家消费的不仅仅是产品本身，更重要的还有服务。

说起海底捞火锅，其无微不至的服务精神甚至比它美味的火锅更有名。那么，海底捞到底是如何做服务的呢？

在饭点的时候，几乎每家海底捞都会有这样的场景：人声鼎沸，等餐的人几乎和就餐的人一样多。等待本就是一件痛苦的事情，饿着肚子，一边看着别人用餐一边等位就更加煎熬了。而海底捞则设身处地地站在顾客的角度考虑问题，硬是将等餐变成了一件愉快的事情。

手持号码等待就餐的顾客一边观望屏幕上打出的座位信息，一边接过免费的水果、饮料、零食；如果是一大帮朋友在等待，服务员还会主动送上扑克牌、跳棋、围棋之类好玩的东西供大家打发时间；趁这个时间来个美甲、擦擦皮鞋也不错，这些服务都是免费的；规模大一些的海底捞分店还安排了电脑，等位的时候也可以去上网。

当客人坐定点餐的时候，围裙、热毛巾等都已经送到眼前了。服务员还会细心地为长发的女士递上皮筋和发夹，以免头发垂落到食物里；戴眼镜的客人则会得到擦镜布，以免热气模糊镜片；服务员看到你把手机放在台面上，会不声不响地拿来小塑料袋装好；如果点的菜太多，服务员会善意地提醒你点的已经够了，假如都想尝尝，可以点半份……

从很多小细节里，顾客都能感受到海底捞给予的真诚服务。真心实意地去为顾客着想，细致地考虑顾客的需要，真诚地去回应每一个细小的需求，这已经成为海底捞全体员工的使命。因此，雷军十分推崇因服务精神而声名远播的海底捞，他觉得这种精神在互联网行业也至关重要，他甚至会请小米每一位新员工去吃一顿海底捞，好好体验一下它的服务。

事实上，互联网服务也是小米"软件＋硬件＋互联网服务"的"铁人三项"中很重要的一点。小米在经营的过程中一直十分重视用户口碑和满意度，因此，为了更好地为小米手机的用户提供服务，雷军投资了 1.2 亿元用于布局"小米之家"，以作为小米手机提货点、小米售后服务点和小米粉丝站。

对于手机的售后服务问题，小米向用户承诺将提供包修、包换、包退服务，即产品售出（以实际收货日期为准）起，7 日内可据三包服务细则退货、15 日内可据三包服务细则换货、12 个月内可据三包服务细则保修。小米手机用户可在线提交退换货申请，也可通过联系小米客服中心办理退换货。

2013 年的 3·15 晚会针对苹果手机的售后服务进行了报道，而且在与包括三星手机的售后服务的详细对比中，小米的售后服务也是最好的，其售后服务政策以及对用户的服务态度都远远高于其他手机品牌。

在雷军的意识中，小米不需要考虑销量，也不需要考虑营业额和利润，需要考虑的只是每一个消费者，每一个米粉在买了小米手机以后使用的感觉怎么样，他们遇到困难和问题小米怎么帮他们解决。这样，对小米而言，把焦点放在互联网服务上才是最重要、最急需的，至于最终能卖出多少台手机、赚多少钱，这些都是顺理成章的事情。

实际上，在智能手机时代，产品的更新换代速度变得非常快。市场和舆论有不少唱衰安卓系统的，而小米和 MIUI 一直在安卓阵营。但雷军表示，未来安卓阵营只剩 3 家大公司的时候，混乱局面就能终结。而小米只要专注做好服务，做好产品，就能成为剩下那 3 家手机厂商的其中之一。

在这一点上，雷军显然是抓住了让小米继续成长的"源头活水"，从而使小米在移动互联网的潮水中踏着沉稳的步子前行。

话题榜：
众人漠视的，可能就是值得发掘的

在 2013 年 4 月 9 日的米粉节上，雷军首次宣布小米营收：2012 年，小米销售手机 719 万台，实现营收 126.5 亿元，纳税 19 亿元。

小米仅用 3 年时间就开创了一个新的品类"互联网手机"，也为互联网改造传统产业提供了一个千亿级的产业方向，创造了一个新的品牌模式，不花钱甚至很少投放广告，竟然快速打造了一个连三线城市都熟知的品牌。

可以说，小米通过米粉文化建立了一个具有相当扩张性的强势群体，"因为米粉，所以小米"的口号也正在被急速膨胀的米粉群体所呼唤。这个米粉群体的行为，主导着小米的一切营销活动。

这不禁引起外界对小米的思考：从零起步到 3 年销售 2000 万部手机，小米如何创造销售神话？与 1400 万米粉深度接触，一年 300 场线下活动，小米如何玩转粉丝营销？ 4000 人团队全部面向市场，小米"先进用户引导型创新"如何发动全民参与？

小米也让很多企业意识到，粉丝经济作为互联网时代新生的营销模式代表，再次提升了品牌塑造对于企业的价值。在中国的手机市场上，竞争其实早已不是手机品牌之争，从某种角度说，固定的品牌消费群的强大实力和社会化影响才是各方努力挖掘的对象。

小米在网络论坛成功之后，又向微博、微信等社交新媒体发力。通过摸索，微博慢慢成为事件营销的主场，为小米赢得更多的新用户，而论坛则沉淀下资源用户，微信则慢慢地开始发挥客服的作用。可以说，小米几乎完全放弃了传统的广告宣传形式，"论坛＋微博＋微信＋QQ空间"成为小米新营销战略的组合武器，为小米获取了很好的知名度和口碑。

在2013年4月9日的小米米粉节上，小米特别发布了一部专门为感谢100个铁杆粉丝的微电影，名字叫作《100个梦想的赞助商》，其中把他们的名字投到大屏幕上，表达感谢。

小米的营销模式和别的传统手机商不同，甚至和苹果也不同。雷军当然是最重视营销的。他认为小米卖的就是一个营销，绝非小米手机。营销最重要的是什么？可能不是像明星的后援会那样的粉丝团，明星粉丝团说到底是艺人经纪人的附属物。艺人的艺术素质高低如何，这不是关键，甚至有时连演技都是次要的，那是纯粹的名人效应的光环。

对于小米来说，粉丝们的所作所为显然要比这类粉丝团地位重要得多。而从某种角度说，小米的粉丝节同HTC甚至三星的模式对比，两者的差异就更加明显。

HTC中国区总裁任伟光曾经说："小米有雷军，我只是职业经理人，要像小米这样营销，我们可能需要王雪红女士出来。但毕竟每个企业情况都不一样，所以方法也不同。"在中国大陆市场，小米已经挤下HTC，位列全国手机使用率排行榜的第五位，而HTC却在各种试错、艰难转型的历程中挣扎。

全球品牌成熟度和知名度上，HTC早就站在了全世界的一线。在苹果的智能机革命中，HTC的追赶对象是三星，原本是不屑于和小米之类的比。他们口中念念不忘研发创新不足论。糟糕的是，和三星比，HTC在研发数量上其实并不落后，反倒是陷入这样的困局：越研发，越投入，越亏损，越迟缓。台积电的模式，比的就是看谁的质量本身更好，至于消费者是谁，售后的态度如何，HTC是不关心的，它们最多只是关心在公众场合HTC的电子广告牌是否吸引了足够多的眼球。

几年前，没人看得上小米，觉得它只是另一种山寨。现今，早早就成为一线手机生产商的HTC却变成了落伍和土气的代名词。破解资本限制，在移动互联网上O2O的营销化程度成了新的移动互联网经济的特征。

HTC引以为傲的是台积电式的半导体经济。问题三星在中国大陆市场上布局已久，哪里轮得到HTC继续在山寨机渠道统一，高度网格化的运营模式里插足？

小米的粉丝运动其实预示着科技领域的市场营销工作正在面临变化，越来越重视公共关系领域的运营。但雷军真正成功的，恰恰是巧妙地掩盖了自己国际化的先期优势，借助小米粉丝的杠杆脱颖而出。

不过，人们从来没有仔细想过这样一个事实，在互联网上，中国的互联网水准一向是超越手机领域的。雷军的人脉里，全都是世界第一流的互联网人才和渠道。如果互联网也有品牌之争的话，HTC原本是没有任何优势可言的，在半导体领域，显然只能算二流企业。

一块巨大的石头，未必能对付得了对面经营已久的老木头，但是只要有一个点可供利用，一切就会非同凡响。雷军，正好找到了别人都还漠视的那一个点。

在微博上小米一直是"话题王"，也一直都是各大搜索网站的热门关键词，这样的结果肯定少不了米粉的贡献。要知道在互联网时代，人气代表着关注度，也意味着品牌的知名度，米粉的热情和忠诚让更多的人知道了小米，也了解了小米，并进一步成为小米的使用者和口碑传播者。

这就是那个扭矩的原型一样，关键的问题是这样的：你需要不断地调整支点，在支点的位置下好功夫。一旦深耕下去，不但可以补上落后的一课，甚至还能将对方的力量转化成自己的优势。这成了典型的借力。

从渠道看，作为米粉肯定都会买小米手机，而每一个米粉都会向他身边的朋友描述小米的好处，都会讲述小米论坛的热闹，以及米粉活动的有趣。所以，每一个米粉都会为小米带来很多潜在的购买者，然后这些人又会成为小米的"传教士"，就像滚雪球一样，越来越多的人加入米粉的阵营中。手机论坛是小米新营销的大本营，总用户数707万，日发帖量12万，总帖子1.1亿，算是一个小门户的规模了。和其他技术论坛不一样的是，小米论坛有一个强大的线下活动平台"同城会"。这个同城会里，未必全是小米死心塌地的追随者，但在核心用户的带领下，更多人开始关注和了解这些厂商的产品。相比核心用户，外围用户更关注产品的造型、售价等关键因素。参与感吸引核心用户，核心用户进行品牌宣传，品牌效应吸引外围用户，外围用户由于性价比等因素成为品牌拥趸，形成了一种辐射型的品牌传播推广路径。

中国有句古话：内行看门道，外行看热闹。当门道（核心用户的参与感）与热闹（品牌传播与性价比）兼备时，市场成功就是水到渠成的事了。

作为小米的用户和品牌传播的核心，米粉显然是小米手机取得成功的关键所在，甚至可以说，米粉是推动小米成功的巨大动力。而作为手机或者说硬件终端的互联网营销先锋，小米的粉丝经济无疑给传统的手机厂商上了新鲜的一堂课。

在小米的新营销战略取得巨大成功之后，市场讨论的话题也从一开始的"小米模式能否成功"演变为"小米成功能否复制"。如今，华为、OPPO等厂商也开始重视自身的核心用户群体——对于产品、技术、市场有一定理解，对周围人的选择有一定影响力的用户——在产品营销、推广中的重要作用。而这个时候，原来HTC们的全球品牌能力也在这新一轮的扩展中彻底被侵蚀。

事实上，像 HTC 这样的大厂商也开始摸索粉丝运动的秘诀时，小米则悄悄地开始弥补别的短板，比如人所共知的供应链不完善、产量不足。

小米如今更加强调公司为粉丝转型，一步步向一家雷军所向往的互联网公司努力。可以预料的是，下一个粉丝节，米粉们的地位还将进一步得到提升。和乔布斯不同，也和 HTC 等众多的模仿者不同，米粉在小米公司的地位会被不断抬高，这是所有其他公司暂时还根本无法做到的极限。

雷军之所以在不同场合断言小米的营销方式不可复制，恰恰是因为这个营销战略下，一群超越一般的米粉和米粉的特殊习惯。这不是别人办个粉丝节就能解决的。

第五章

小米的标准：逼死别人，逼疯自己

逼疯自己是为了追求极致，逼死别人是为了扫清障碍。小米不喜欢大战八百个来回，小米喜欢一招"秒杀"。

没人能回到过去来改变今天，
却能从今天开始努力去改变将来！

小米
从来没有学苹果

小米一经问世，就有很多人说雷军是抄袭苹果。雷军对此很不以为然，第一，小米就是小米，不可能抄苹果，"如果那么容易，那么你去抄一个试试？"第二，雷军不认为小米是苹果模式，在他看来小米更像亚马逊，他是用互联网的思维、电子商务的模式在做小米。

用雷军的话来说，小米的"铁人三项"是软件、硬件、移动互联网。但是苹果做 iPone 又何尝不是软件、硬件两手抓两手都要硬，所以小米与苹果相比最大的不同也是最大的过人之处就是用互联网的思维，做移动互联网时代的产品。

苹果 iPhone 问世的时候，人们最新接触到的是 iPhone 惊艳的外形，然后才是它简便易行的操作系统。因为有乔布斯这样的天才，所以 iPhone 在各个方面均达到了极致和完美，如果从这两个方面来超越苹果确实太难。后起的三星 Galaxy 虽然在销量和性能上超过了苹果，但是比起 iPhone 还是少了那种精致的感觉。

实际上，小米发布会之后，在喧嚣散去，一切归于平静时，雷军就又陷入了夜不能寐的状态，就像当初他看完乔布斯的壮举之后的那个晚上一样。只是，这一次他想的是摆在前面的坎坷的道路。雷军知道，小米还不是自己想要的完美的高智能手机，它和苹果还有很大的差距。

因此，他并没有像乔布斯那样，一开始就将改变世界的梦想寄托在小米身上。他的小米手机就像它的名字一样低调朴实，以至于负责工业设计的刘德说，小米很普通，它要做的是让大多数人不反感、肯接受。

雷军清楚地意识到，中国社会是混阶层，还没有形成中产阶级，并不具备苹果那样的生存土壤。乔布斯可以天马行空地沉浸在自己的世界里，而他从决定要做小米的那一刻开始，就一直和米粉们一起关注大多数人的需求。

这样，雷军不得不将小米暂时定位在"发烧友"的狭窄市场上，而且很难迅速扩大市场。小米手机若是不能成功打好第一仗，他所有的努力都将付诸东流，而自己的 CSP（芯片尺寸封装）概念也并没有成为焦点，这让他有些焦虑。

一定程度上来说，雷军想像乔布斯一样改变点什么，但是他又不想活在乔布斯的阴影下。小米科技在初创之际就被业界人士解读为"雷军正试图在中国复制一个乔布斯的苹果"，这让他陷入了一种极其矛盾的心情中。

雷军其实选择了和乔布斯截然不同的道路。他说："互联网行业的规律是，击败雅虎的不是另外一个雅虎，是谷歌；击败谷歌的是 Facebook。做中国的苹果根本没戏。再看长久一些，你一定会发现小米和苹果走了完全不同的道路。"

但是更多的人还是愿意拿他和乔布斯对比，这是一个无法回避的事情。

"当年乔帮主归来的时候刚好 42 岁，小米亮相的时候你也是 42 岁，你觉得自己能成为第二个乔布斯吗？"有人这样问他。

"18 岁的时候我就是乔粉，从来没有奢望过自己能成为乔爷第二，小米也绝对成不了苹果。因为乔爷是神，是我们顶礼膜拜的偶像，极简完美设计是我们无法企及的高度。虽然我知道差距很大，但是我并没有绝望，还是希望通过每天脚踏实地、一步一步的努力，离偶像近一点、再近一点。"雷军说。

一个从没有做过手机的企业，如果一开始就想要超越苹果，那么一定是不现实的，即使有这样伟大的抱负，也要经过十几年间积淀才能谈得上这个问题。如果完全按着苹果的路子走，套用齐白石一句"学我者生，似我者死"，一味模仿苹果，那么小米将永远是个二流品牌。

小米从创业开始用的就是互联网的思维方式，比如小米率先做 MIUI 系统，采用的是深度优化的安卓系统，但是并没有闭门造车，而是在论坛选出 100 名粉丝，粉丝们对 MIUI 系统试用之后提出各种问题和建议，然后小米逐渐改进。

通过听取米粉的意见，MIUI 系统每周更新，不断改进，成为最适合中国人使用的安卓系统。所谓互联网思维方式，就是通过互联网让潜在消费者从产品设计开始就参与到生产的环节中来。这样，小米一定不会做出与市场脱节的产品。

小米先有了脍炙人口的 MIUI 系统和开创一时之风气的米聊软件，这才开始做手机，倒是知名度先打了出去。小米开始卖手机，又走了一个与苹果完全不同的路子。苹果 iPhone 销售还是通过专卖店、渠道代理、通讯运营商合作的传统方式，但是小米选择了完全通过电子商务的形式销售。

苹果的市值之所以稳居所有 IT 及互联网企业第一位，可不仅仅是因为苹果销售 iPhone 或者 iPad 等电子产品。而是因为苹果率先开放 iPhone 的 SDK（软件开发工具包），iOS 操作系统搭建的应用平台成了全球软件开发者最喜爱的创业平台，苹果 APP Store 中应用超过 76 万个，下载量突破 400 亿次。

雷军如果照搬苹果的思路，那么小米一定会死得很惨。谷歌推出了安卓系统，由于是开源的源代码，所以安卓系统的应用在短时间内在数量上已经超过了苹果。可正是因为安卓是开放的软件，其应用软件质量参差不齐，所以谷歌在平台的收益方面确实远远不能与苹果相比。第三方应用开发商肯定更愿意和那些占据市场主导地位，下载量大的应用平台合作。这就形成了好的更好，差的更差的局面。

小米作为深度优化的安卓系统，而且创办时间不过两年，和自己的安卓东家竞争尚且竞争不过，更不要说与苹果竞争了。小米的应用平台若想另起炉灶，必然难以生存，因此必须利用好现有安卓体系开放源代码的优势，让安卓客户更多地移植到小米应用上来。为此，小米只需要提供应用开发者文档，给予足够支持，就可以实现这个目标。

不过雷军在小米应用商店的规划上却是做了通盘考虑，既然安卓的问题在于质量参差不齐，那么小米应用商店就应当杜绝这类问题。如果客户在小米应用商店下载的应用出现各种安全问题，影响客户体验，客户一定不会认为这是安卓的通病，而会认为这是小米的问题。如果努力积攒起来的口碑因为第三方应用而搞砸了，那么就太得不偿失了。所以雷军给小米应用商店定了一个基调，就是"重视应用的质量以及用户体验，不以数量多少论英雄"。

雷军等人经过研究之后，首先在应用软件的发布流程上做文章，制定了小米应用商店采用"提交＋自动化测试＋安全扫描＋人工审核"四步完成，这样就能保证客户从小米应用商店下载的应用都是安全可靠的。

除了考虑应用的安全之外，为了方便用户使用，小米应用商店采用了"推荐＋排行"的策略，不断向用户推荐优秀应用。虽然一开始多是在其他安卓平台做好的应用又移植到小米应用商店的比较多，但是随着小米的大卖，小米应用商店知名度提高，越来越多的应用选择首先在小米应用平台上线。在手机游戏方直，也是如此，在小米应用平台首发的手机游戏数量也在逐渐增多。

2013 年 4 月 15 日，雷军说出了这样的话："小米公司要突破乔布斯定义的智能手机框架进行创新，并透过香港地区和台湾地区试水，正式开始实现在中国做世界市场的梦想。"他认为，作为一个在中国市场上崛起的互联网科技企业，小米的发展道路必然不可能照搬苹果的模式，必须因地制宜地走出自己的道路。

而且，因为小米成长和发展的阶段，正赶上移动互联网浪潮高涨，小米自身自然要把握好这个风口上的机会，少走弯路、多做创新，这样才能走出独特的、更适合自己的道路。

极致才有活路：
小米要做"性价比最高"的手机

　　说到小米的价格，雷军最早在给小米手机定价的时候，曾经想定一个足够疯狂的价格，把小米的价格定在1499元，甚至最好能在999元。但是，最后在核算各种成本之后，雷军还是无奈地将价格定在了1999元。然而，即便是这一价格，人们还是惊呼小米手机的价格便宜。

　　实际上，雷军曾经的一句"小米正式进军手机市场"就展露了其在移动互联网领域的宏大布局，产品线遍及手机硬件、操作系统、软件服务等领域。"小米并非想靠硬件赢利，只是为了硬件、软件更完美地无缝契合，为用户提供更流畅极致的内容、服务，提升用户的手机端移动互联网体验。"

　　雷军认为，小米作为互联网公司的第一个特点就是商业模式的颠覆，即不靠硬件赚钱，以成本价零售手机。这就意味着小米将原来四五千元价格配置的手机打到2000块钱以内，在这一点上雷军觉得很骄傲，因为小米手机一起步就卖到了1999元，到今天为止还没有任何一家手机厂商能打到这个价位。

　　能将一款高配置的智能手机的价格拉到2000元之内，小米显然颠覆了整个手机行业。其实，在小米诞生之前，国内的手机市场有两种生态，一种是高价格高性能，比如苹果手机以及后来的三星。一种是低价格低性能，比如以中华酷联为代表的国产智能手机。

小米要想在市场上占据一席之地，靠的是什么呢？在雷军看来，小米只有走"高性能、低价格"，即高性价比的道路才能实现差异化，并且赢得市场先机。

其实，手机行业发展这么多年来，已经非常成熟。硬件采购，从芯片到屏幕，甚至摄像头，每一个产品的价格都是透明的。小米作为一个外来户如何才能实现高性能与低价格的结合呢？如果不解决好这个问题，那么小米的定位就不可能实现。

为此，雷军和他的团队找出了两个办法，第一是手机不赚钱，将来通过附件和周边产品赚取利润；第二是通过网络以电子商务的形式销售，减少门店和渠道的成本。

第一点相对容易做到，小米开发了耳机、音箱、后盖、贴纸、挂饰、手机支架、耳机绕线器等一系列附件，而且还开发出小米的帽子、T 恤、玩偶等周边产品。

第二点小米也已经做到，作为纯互联网手机品牌，小米不仅实现了完全在互联网上进行手机销售，最大规模地减少中间的渠道成本，大大降低了价格门槛，还通过手机先占据了移动互联网的入口，接下来小米要做的就是通过进一步完善布局，通过服务来赢利。

传统手机的售价，除了受生产成本影响外，还包含渠道、门店成本，最终都转嫁到用户身上，从而导致智能手机的价格一直居高不下。雷军曾直言不讳地说，"小米手机要打造首款网络手机品牌，完全采用线上销售，主要是为了去掉中间渠道和门店的成本，提供低价、高品质、高服务的顶级手机。"

其实，小米能坚持低价策略，做性价比最高的手机，最重要的原因是雷军一直坚信：在互联网时代，唯一不会被打败的生意就是有胆量做不赚钱的生意。于是，他从一开始就不指望小米能在三五年之内赢利。

2010 年 1 月，雷军找到启明创投的童世豪，说明了融资需求。启明创投之前和雷军有过合作，并且有着不错的信任基础。启明创投正式投资是在 4 月份，他们做了很多准备工作，包括调研和财务沙盘模型，最后才下了投资的决心。此后，童世豪便打电话告诉雷军结果。

雷军说："有一点我需要提前说明，小米科技在 3 ~ 5 年内是不准备赢利的，如果启明想要收到短期利益的话，最好慎重投资，也可以选择不投。"

这句话雷军对所有的投资人都说过。这种想法与他用互联网的方式做手机的思想紧密相关。从接触互联网以来，将近 10 年的时间，雷军一直都在研究这个领域的规律。渐渐的，他发现在互联网上成功的企业几乎无一例外刚开始的时候都是不赚钱的，它们的大部分服务都是免费的。

其实，对于互联网的免费法则，雷军早在创办卓越网的时候就已经运用娴熟了。卓越网当时的竞争对手是当当网，雷军用打折的手段和当当网竞争来争取用户。他渐渐发现，电子商务的核心就是比谁拥有的消费用户多，只要用户存在，以后总会持续消费的。

小米手机作为互联网模式开发和销售的首个互联网手机品牌，其商业模式也将是互联网化的。比如，传统手机厂商依靠卖硬件挣钱几乎是雷打不动的规律，即便是在互联网体验上做到极致的苹果手机，来自硬件的盈利也大为可观。

雷军深知，在互联网领域，免费经济学早已深入人心。其核心理念就是让用户免费使用产品，从而形成口口相传的力量，不断扩大用户基础，更多的用户体验反馈又反过来能帮助这个产品更好地改进，良性循环就此形成。腾讯的 QQ 和微信，以及 360 安全卫士，都是通过这一模式，成为互联网行业的赢家。

有人质疑小米的赢利模式："小米手机不靠硬件赚钱，那么究竟怎么赢利？”

"10年前腾讯怎么赚钱，今天我们就怎么赚钱！"雷军说。

腾讯QQ的软件客户端在Windows上的使用是免费的，但腾讯成了中国最赚钱的互联网公司。因为QQ是所有人都要使用的软件，是所有人每天必经的入口，如果QQ能保持成为用户的入口，只要发现赚钱的机会，腾讯就可以加入。

360也是如此，免费做安全杀毒，免费提供浏览器，免费管理软件，可当它成为绝大多数人的桌面时，所有软件只有通过它才能到用户手上，于是它就可以游戏赚钱收游戏联合运营的钱，团购火收团购的分成费，最后它也就上市了。

同样的，雷军认为手机是目前人们唯一不可或缺随身携带的电子设备，未来所有的信息服务和电子商务服务都要通过这个设备传递到用户手上，谁能成为这一入口的统治者谁就是新一代的王者。3～5年不准备赢利，雷军其实是想要占据一个入口，像谷歌和360那样，只要用户足够多，以后通过终端销售内容和服务就可以赢利了。

经过一系列的探讨，雷军最后确定了小米手机的策略：在不赚钱的模式上发展手机品牌，软硬件一体化，定位中档机市场——1999元，价格不高不低，基本配置往高端机看齐，甚至领先。强烈的性价比形成很高的进入壁垒，很容易成为小米手机的竞争优势。

于是，小米手机从一开始就不准备用硬件挣钱，初始定价为1999元，基本上接近成本，而内置的MIUI系统也是免费的。这种颠覆性的营销模式很快取得了成效——小米手机刚卖一个星期之后，就处在中国市场手机品牌第九位，在所有国产手机里排第一位，而它的百度指数是36万，热度达到iPhone4S热度的2/3。

高性价比使小米在半年为卖出了180万部，反而实现了微利。后来小米又和联通、电信合作，用户预付一定的话费就可以免费拿到小米手机，开发了另外一种免费模式。

就在小米手机发售不久，有很多家维修企业托关系来找雷军，申请小米维修。雷军这才知道，原来售后服务也是很赚钱的生意，但他委婉地回绝了这些企业。"互联网创业，免费才是王道。维修如果赚一分钱，就是我们的错误，要抱着这样的决心。今年我们的最大动作是售后服务总动员，一定要把售后解决好。"

作为资深乔粉和挑战者，雷军还曾经详细地对比了苹果和小米，得出几个结论：

首先是速度，有人说苹果卖的是用户体验，从来不是卖速度。雷军认为事实不是这样的。iPhone 4S 的大幅广告第一行就是双核 1G。很显然，苹果也注重速度。尽管有些人说用户不需要那么快的手机，但在雷军看来，"他们一定需要，用户从来不知道自己要的是什么。他们要的就是跑得快的手机"。

在性能竞争上，雷军是有信心的，"小米有最快的手机，我们是全球首发双核 1.5G 手机。不光是速度，我们有 1G 内存，800 万像素，1900 毫安电池"。

其次是性价比。苹果手机的成本只有 180 美元，但在没有运营商补贴的情况下，要卖 600 ～ 700 美元，基本上是成本的三四倍。但以小米手机这样的性能，只卖 240 美元，除去运营商补贴之后就更低了。如果在美国上市，巨大的性价反差一定能够赢得市场。这一点，在国内已经被证明。

其实，即便没有营销费用，小米手机的成本仍然有庞大的构成体系：手机元器件、代工厂制造成本、关税、增值税、损耗成本、维修成本、3G 专利费、平台专利费、屏幕按键、摄像头等支付给供应商的研发费用、市场成本、渠道成本等，此外，还有自身研发的成本、供应商研发的成本、自身试验设备和租用试验设备的成本。

"高端智能手机市场成本和渠道成本能占到手机售价一半以上。一部智能手机在店里卖出去，促销成本约 900 元人民币。传统渠道零售手机非常贵，是因为渠道成本比较高。在手机没有一定量的时候，这些成本都是天文数字。"

尽管如此，雷军还是顶着压力坚持小米的高性价比。果然，在高性能和不到 2000 元价格的强大反差刺激下，小米手机一炮走红，销量暴涨。

雷军自豪地解释小米首发时在 30 个小时内 30 万部销售量产生的过程："前 10 万部只用了半个小时。之后，我们提醒客户，两个月之后才能发货，还需要吗？之后的 10 个小时又有 10 万订货，然后我们说，12 月份才能给你，还要吗？后面的 10 个小时，又有 10 万订货。我相信如果把这些限制都云掉，30 个小时 300 万部都没有问题。所以说，赢家就在于看谁有能力一上来就说：我只要 10% 的利润。我要做一个比较厚道的人。东西又好又便宜，这是人类发展的规律。"

尽管在小米发布之后就有手机厂商宣布要做性能更好、价格更便宜的手机，但至今为止，小米仍然是同等配置和价格中性价比最高的手机。

雷军甚至自豪地开玩笑说："最快的手机里我们是最便宜的，最便宜的手机里我们是最强大的。"小米创下的纪录依然没有被超越，在雷军的版图和布局中，也许小米永远没有被超越的可能。

定制 MIUI 系统：
集中力量，做最重要的事情

就像没有乔布斯决不会有苹果的 IOS 操作系统一样，雷军是小米手机操作系统的真正"教父"。只有专横、偏执、近于苛刻的完美主义者乔布斯才能将这种艺术精神融入到 IOS 操作系统中。苹果的风格，即是乔布斯的风格，不管如今的操作系统被修饰升级到何种程度，乔布斯的痕迹丝毫不会减少，相反，那些系统性的差错、谬误时时透露出乔布斯的信息。哪怕被人诟病的 IOS6 的地图失准，也让人想起，要是乔布斯在，绝对不会出现这么低级的问题。

教父的特色在于，不论你对他是爱还是憎，他的观点和思维总会深刻地影响着你，像一条中轴线一样，贯穿于一个组织或者产品的全过程。

和其他试水互联网营销的智能机竞争者不同，和传统的互联网公司最初的想法相反，雷军是一开始就抱定破釜沉舟的决心，在操作系统上做"中国的乔布斯"的。当然，这可能也是他唯一内心承认的自己像乔布斯的地方。

当初雷军决定做小米之时，最为欣赏的正是苹果手机操作系统体验上的完美。雷军本人就是手机发烧友，不过和一般人发烧的地方不同。雷军更痴迷手机系统的可操作性的特点，诺基亚的 N78 出来时，雷军就曾推荐过朋友圈使用这款手机。至于苹果手机的体验，雷军不仅是赞不绝口，甚至一度还自掏腰包给黎万强等朋友送 iPhone 在小米手机发布会上略显生硬地模仿乔布斯高处掉落测试手机等桥段，无疑是直接来自乔布斯。

脱开这些肤浅的模仿，雷军在系统方面的思维的学习和创新才能，其实远在人们的想象之外。

MIUI 是基于安卓深度定制的系统，在雷军看来，做好系统，从系统开发起，才能有好的手机。小米最精彩的事情是用一个好系统改变整个安卓手机的体验。

从小米的系统的特点来看，雷军的个人体验对于 MIUI 的出世至关重要。因为开发自己的系统，原本并不常见。在电脑和手机系统的发展史上，至今也不过屈指可数的那几个系统。毕竟在传统的程序员开发系统的思维里，这是个庞大的工程。但在移动互联网时代，一切都变了，雷军就看到了安卓系统手机中蕴藏的新的系统研发的模式的机会。

雷军说他发现原生的安卓系统后台应用不断自启，系统不停唤醒，不停联网，都可以表现在屏幕上。"哪怕每个应用 5 分钟唤醒一次，每唤醒一次，你今天 CPU 的能力其实是非常耗电的，而且这样频繁的唤醒造成移动通信信令的风暴。"

原生的安卓系统手机之所以不受人欢迎，谷歌的第一次互联网销售以失败告终，根本原因就在安卓系统本身。只要操作系统可以让后台应用一次唤醒，一次联网，系统的待机时间会明显提高。雷军甚至不惜得罪应用的开发者，在互联网大会上呼吁："所有的厂商都支持对其唤醒的机制。支持对其唤醒之后，装了 100 个常用应用，待机能力提高 2 倍。如果你不装这么应用，小米 IS 手机不用就会待机 7 天。

大家不要盲目指责说我的手机为什么这么耗电，其实多半是应用软件干的。"

找到了问题的症结，要爱上手机，必须要让系统让人值得爱才行。MIUI 直接控制了自启动，应用系统，控制联网，把控制的主动权交给了用户本身。因为浮动窗口对手机的体验和干扰很大，MIUI 干脆默认禁止悬浮。关于权限，雷军要求："不管应用要什么，涉及个人隐私权限，涉及用户调用的时候，再次跟用户确认，你是不是把你的通讯录给应用？安装的时候问那么多权限，普通消费者不会在意的，他不知不觉授权给你，不是他们真的想授权，是他们不了解，没有仔细看，被动接受的，所以你又把这个权限重新交给用户。"

但是，这还并非 MIUI 最重大的特点。雷军认为，把操作系统的内核和表现层分离，主题可以模仿各种系统，一万种混搭，符合客户的需求和个性，这才是关键。在雷军看来，与其死板地设置固定的主题，不如像 PC 机时代一样，重新走苹果公司的个性化路线，才能让用户的多样化需求和内核保持和谐。这也许是雷军的高明之处，在乔布斯做移动手机的时候，放弃了苹果电脑的个性化外表路线，而雷军反其道而行，重新检视它的新功用。

为了让这个系统更加完善，到了 MIUI V5，从桌面系统到常用功能，到小工具，到核心应用，模块 30 多个，2 万个精品应用，整个 MIUI 应用商店超过 5 亿次下载。智能化云服务 3 个月的时间就存储了 3 亿张照片。雷军的要求很简单，那就是每一个小应用都要做到完整度、细致度和应用性能超过想象。"做到极致"，是雷军念念不忘的口头禅。他认为，小米一直在产品上改进，但不只限于硬件，还包括软件与互联网服务。"你不觉得 MIUI 做得越来越超前吗？我们的服务也比一般的好很多，但还是挨骂，说明什么，离满足用户的极致需求差距还很大。"

随着这种互联网模式开发 UI 的跟进，小米也迅速脱去了曾经模仿黄章和乔布斯的痕迹，小米和米 UI 的用户每天在论坛上提交的各种意见和建议、参与的讨论超过 20 万条，经过 1095 天的研发，经过 138 周的迭代，上百万人参与。

在市场最终证明雷军的互联网系统开发模式成功后不久，雷军道出了自己开发 MIUI 的真实心理："当我的想法跟诺基亚聊的时候，诺基亚全球负责研发的总裁可能会听我说说，但是他们会改吗？今天你们对苹果有意见，有更好的设计苹果会改吗？你对手机有想法，有意见，有一个公司愿意帮你做，愿意帮你把想法实现。就是这样的想法做了小米，做完之后我发现最大的不一样是什么呢？如果一个铁杆的用户参与米 UI 的设计，他会非常激动地跟他所有认识的朋友、同学、同事去介绍小米。累计 3 年的时间里提交了 1.3 亿条，这些帖子琳琅满目，我通过你们很多的帖子，有的帖子打印出来 20 页。我们唤起了用户最大的热情来参与这款手机的研发。

其实，30 年前，乔布斯在和 IBM 较量之时对于电脑的设计操作就做到了极致，到后来，广告销售甚至宣传发布会，他都会干预到底。所谓苹果手机与众不同，从诺基亚的流行中杀出一片新天地，纯粹是因为这种极致。只不过，正因为苹果公司失去了电脑领域的市场，又在销量上最初无法和诺基亚、摩托罗拉比拼，才全身心地走了一条别人无法仿制的封闭的系统开发道路。不管怎么说，极致思维，一如始终。

雷军的优点也许是在于他的眼光和好运气。2010 年正是诺基亚的王者地位摇摇欲坠，苹果忙于扩张高端市场的关键时刻，雷军选择的时机无疑是最好的。这是个竞争者最少，机会最多的天赐良机。谁在那一刻先人一步，一切都将大为不同。

这样做的结果就是，小米客户群成为移动互联网上活跃度最高，最核心的人群。百度移动应用统计报告显示，在刷机市场，小米手机活跃度排在第一位，占到整个刷机市场 35%。小米系统的稳定、灵活、个性化、操作性，经受住了市场的考验，这可以说正是从系统优化塑造产品思路获得的巨大成果。

实现共享的米联：
早晚要做的就得趁早做

米联不是一个软件，而是一种功能。它是一种能够在安卓手机间，安卓手机与 iOS 系统之间，小米手机和小米盒子之间直接传输数据服务功能，是一种快捷、自由、方便的传输分享工具。

数字设备互联一直是 IT 及家电企业在重点研发的一个课题。2003年微软、索尼、英特尔发起的 DLNA 标准，旨在解决个人 PC、消费电器、移动设备在内的无线网络和有线网络的互联互通，使得数字媒体和内容服务的无限制的共享和增长成为可能。

之后国内的厂家也联手推出过不同的技术标准，比如联想、TCL、康佳、海信、长城等公司联合推出了闪联（IGRS），海尔、创维等国内厂商一起推出了 e 家佳（I Top Home），这些厂商均试图通过互联标准打造一个排他性生态链，从而形成垄断。

在国外市场上，随着新兴数字设备的兴起，也出现了新的标准。比如苹果公司的 AirPlay，以及 Wi-Fi Alliance 公司推出的 Miracast。Miracast 设备提供简化发现和设置，用户可以迅速在设备间传输视频。该技术比之之前的标准更加简便，受到广大移动与消费性电子设备制造商及芯片厂商的共同认可。谷歌安卓 4.2 系统即采用了 Miracast 标准。

米联是小米公司基于 MIUI 系统自主研发的一种数字设备互联功能，它不同于现有的各种标准，不过却可以与苹果 AirPlay、DLNA 以及谷歌的安卓系统相互兼容，成了一种可以综合各家之所长的新技术标准。

米联的主要功能就是解决安卓手机（使用 MIUI 系统）、iPhone、iPad，以及 PC 上的视频、图片、音乐内容传输问题。而这些设备想要联通起来，其中最关键最核心的就是小米盒子。简单点说就是，这些不同设备之间的互联，是利用小米盒子这个设备作为中间载体，通过米联技术实现相互联通的。

我们可以看一下米联的具体使用办法：首先确保安卓手机（使用 MIUI 系统）与小米盒子处在同一个局域网环境中；然后用手机自带的图库打开照片，进入全屏浏览模式，再点击流媒体界面的米联按钮，选择小米盒子，就可以实现投放；对于本地视频或者在线视频，使用 MIUI 自带的"视频播放器"播放，在播放器右下角会出现米联图标，点击按钮选择"小米盒子"，即可实现视频内容在电视上的投放。

如果使用的是 iPhone 或 iPad，在设备与小米盒子同在一个局域网内的情况下，用手机自带软件打开图片或视频后，选择全屏模式，然后点击右上角的 AirPlay 按钮，选择小米盒子即可投放；如果是 PC，则使用支持米联或 DLNA 的播放器软件，选择待播放的流媒体文件，右键单击，在"播放"选项中选择相应的"小米盒子"，就可以实现投放。截至 2013 年，没有与米联实现兼容的就剩下 Miracast 标准，而小米的研发团队正在加大研发力度，相信不久之后这个问题也会解决。

在雷军看来，小米科技研发出开放的米联标准，其目的即是打通标准的藩篱，重构一个数字设备互联的生态圈。米联是一种"兼容的互联标准"方案。换句话说，不管其他设备原先采用什么标准，只要使用米联就可以实现数据联通。

雷军之所以在小米羽翼还未丰满的情况下，就加大研发力度推出米联，主要出于以下几个方面的考虑：

一方面是因为他看到了行业发展的方向，早晚要做的事情，不如早做，等别人做了小米再做就失去了市场机会。

另一方面，固然小米的销量增长飞快，2012 年卖出 700 多万台小米手机，但是相比于其他品牌的手机（特别是 iPhone），小米的市场份额少得可怜，而 iPad 等移动互联网设备小米还未来得及开发，而通过米联既可以让其他产品的用户都认识小米，又可以为将来小米进入新的竞争领域做好铺垫。

第三方面，提升其他终端设备的销量。就是在现阶段，米联为小米打通了数字设备的互联生态圈，小米也可以在终端设备市场分一杯羹。除了已发布的小米手机、小米盒子（包括小米遥控器），小米电视之外，小米此前还发布了一款通过小米手机遥控的玩具电动车。这些产品都可以通过米联和小米盒子相互联系，只用一台小米手机就可以实现终端控制。

这也是买小米手机的用户购买小米电视，或者购买小米电视的用户想要一台小米手机的原因。无来，随着人们习惯了米联便捷的无线互联网联通方式，那么肯定不愿意改用其他设备。而小米如果生产出新的移动互联网设备，比如电纸书，或者 iPad，那么习惯米联的用户更容易形成购买。

当然人们使用米联的目的，除了终端控制，就是实现资源共享。从资源共享的角度来说，其实在智能手机出现之前就有了蓝牙技术，但是蓝牙的传输速度较慢，而且作用距离有限，所以蓝牙技术并不适合今天大容量文件的传输和设备互联。而米联成功地解决了资源共享的问题，而且方便快捷。

121

所谓资源共享，共享的是内容，米联的技术再先进，如果没有内容支撑，没有内容平台，那么小米的米联技术也好，小米的终端设备也罢，都很难真正立于不败之地。所以小米科技做了两件看似与生产手机无关的事情，开始涉足内容生产领域，一个是收购了做精品阅读的多看科技，一个是准备用小米盒子抢占网络电视的滩头阵地。

第六章

都是干货：省下炒作的工夫干活

炒作是要成本的，持续炒作需要更大的成本。小米把这些成本都节约下来去搞研发了，所以小米火了，很多人急了。

不要害怕强大的对手，经历一点人生迷茫、痛苦、挣扎，感受你内心的不屈、顽强。你要相信，你比想象中强大！

真材实料
是小米的立身之本

　　《笑傲江湖》中有这样一个片段：风清扬老先生随意地站在那里，叫令狐冲拆招，令狐冲却感觉没有任何突破点，郁闷地说："你这根本就没有招，叫我怎么破？"

　　此时无招胜有招。越是做到极致的东西就越简单，伟大的事情也无非是做好每一件小事。在做小米手机之前，雷军一直思考在中国市场如何能做一家基业常青的公司，自己也一直在找典范。为此，雷军专门研究了同仁堂，他发现已经有 340 年历史的同仁堂可谓是一家真正伟大的公司。

　　同仁堂有两句话让雷军印象深刻，一句是"炮制虽繁必不敢省人工，品味虽贵必不敢减物力"。雷军将其翻译为"真材实料不偷懒"。另一句是"修合无人见，存心有天知"。雷军翻译为"你做的事情虽然没有人看见，但是老天知道"。

　　雷军认为，小米做产品就应该倡导同仁堂精神，要做一家真材实料的公司。因此，在小米创办之初雷军就把真材实料作为小米手机的立身之本。"当企业真正真材实料地做每一件事时，老天会知道的，用户也会感觉到的。"雷军说。

　　当然，为了做好小米手机，雷军也曾拿手机行业的老大 iPhone 做研究，试图从它身上找到灵感。然而，看着 iPhone 那个被咬了一口的大苹果，雷军却感觉无处下手。苹果采用的是极简设计，就连图标也是这样，简单、极致、无懈可击。他发现，苹果的成功是无法复制的，经典永远只有一种版本。此时的雷军，有着令狐冲面对风清扬时的无力感。

像乔布斯一样，程序员出身的雷军也是一个完美主义者。在做事方面，雷军的要求很高，他觉得做一件事情就要做到极致，做到自己能力的极限，细化到最后，也就变成雷军口中的"同仁堂精神"：永远坚持真材实料做好每一件事。

在这一点上，暴雪公司也是雷军很欣赏的一家企业。热爱电脑的雷军同样也是网络游戏的爱好者，平时在工作闲暇他会玩游戏给自己减压。于是，雷军无意间接触到暴雪公司推出的《魔兽世界》游戏。

《魔兽世界》是一款拥有完整世界史诗背景、风格唯美、12大种族个性鲜明、10大职业各领风骚，而且游戏类型可自由选择的网络游戏。自2008年11月推出之后，《魔兽世界》还创造了一个纪录，成为史上24小时内销售速度最快的PC游戏——仅仅一天时间就卖了280万份。

雷军认为，《魔兽世界》的成功归功于暴雪团队追求极致、精心做好每一件事的严格要求。暴雪在游戏发布前会花许多时间润色，而最后10%的润色阶段实际上就是一个好游戏和一个差游戏之间的差别。暴雪只要没把游戏做到极致，哪怕还差1%的效果没达到他们的要求，就宁可跳票。

暴雪的做法对于小米科技后来的发展思路产生了很大的影响。为了使小米手机在激烈的竞争中脱颖而出，雷军选择了像暴雪、苹果那样将产品做到极致的理念。在雷军看来，努力地把东西做到极致，做到别人没办法超越，才是一个企业的生存之道。如果小米真正做到了极致，做到了真材实料，别人是没办法超越的。

在创办前的一年半时间里，小米十分低调，小米的每一位员工每天在那里默默工作，然后努力把每一件事情做好，雷军相信，当小米做的事情能够打动一小批发烧友的时候，才会引起更多人的关注。

在一次米粉节上，雷军讲了大概一个半小时，向大家介绍小米的MIUI系统，并透露了为MIUI找壁纸的小细节。可能很多人会认为，找一张最好看的壁纸是一件再简单不过的事。但是，仅仅做这样一件小事，小米团队就看了接近100万张照片，甚至还开发了一个软件，专门为了挑选最满意的壁纸。

然后他们发现，找到一张好壁纸实在很不容易，因为小米对壁纸的要求是：要放到锁屏里面好看，放到壁纸里跟图表不打架，还要有意义、有细节，至少要90%的人喜欢，不会有人反对、反感。

在雷军看来，找到这样的壁纸将是一个浩大的工程。他说："不信大家把自己的iPhone打开看一看，能用的就那张水波纹，其他都不可以；把Windows打开，除了星空能用，别的都不能用。"

于是，2012年7月，小米团队以10万人民币发动广大群众为小米征集壁纸，一张图10000元，最后小米征集了45000张可以说是十分精美的图片。团队加班加点从中挑310张，可雷军看完后都不满意。在他看来，找到好的壁纸，就跟投到好项目一样困难。

怎么解决这个问题呢？为了找到最好的壁纸，雷军不得不逼着小米所有的设计师去画壁纸，在8个月的时间里，雷军几乎把所有的设计师都逼疯了。最后，设计师们画出5张堪称完美的壁纸，但它们并不是真的完美，离雷军的要求还是有差距。

因此，雷军不得已继续征集：如果谁能做出比这5张壁纸更好的图片，我们承诺100万人民币买一张壁纸。

仅从为小米手机做壁纸这件事情足以看出雷军的极致思维。在雷军的产品理念中，是不是真的将产品做好了，就看一个人在产品上花了多大力气，如果没有花力气，没有尽心尽力，产品自己会说话，用户也是看得见的。

雷军推崇一句话：做到极致就是把自己逼疯，把别人逼死！他给小米定下了基本的发展路线：用移动互联网做手机，做到极致，形成不能复制和替代的核心竞争力，击败对手。他为小米选择了双核 1.5G 处理器，并且花费了很长时间和精力寻求最顶尖的合作商。关于小米的价格，雷军承认，"小米 1999 元是割喉价，要先把自己逼疯！"

因此，在 798 艺术区小米手机的发布会上，雷军留下了这样的话语："小米没有营销费用，没有线下销售的计划，今天把所有参数全部公布出来，我们已经没有什么秘密了。到今天为止，小米没有退路了。"

在小米的功能设置上，雷军也强调专注于一些主要功能的开发，真材实料做好每一件小事的理念。很多人都会产生这样一个想法：公司出的产品越多，就越能满足人的需求，传播得也会更快。雷军认为这其实是一种不自信的表现，款型太多反而分散了用户的注意力，而且这样的公司很难做出真正的高端产品。

小米刚刚发布的时候，有人对雷军说：不信你看看，过了 3 个月肯定会冷下去的！后来，团队里有一个同事也说："雷总，一款小米手机就这么火，我们要不要再推出几款？毕竟萝卜青菜各有所爱，不同的人喜欢不同的款型。"

雷军说："到现在为止，苹果只做了两款产品，一个是 iPhone，另一个是 iPad，iPhone 和 iPad 整整占据了苹果 75% 的营业收入。iPhone 这些年来不过推出了 5 款手机，就连颜色也十分单一，但是苹果成了世界上最贵的公司，市值达 6000 亿美元。而其他所有智能手机厂商、三星、摩托罗拉、HTC（台湾宏达国际电子股份有限公司）等全部加起来，利润也才是 iPhone 的 1/3。"为了说明自己的观点，他给团队中每个人都发了《乔布斯传》，还举了 HTC 的例子。

HTC 在 2010 年全年和 2011 年年初股价上涨两倍多，销售额增长 4 倍，但 2011 年全年跌幅达到 42%。"王雪红说要'痛改前非，出明星机型'，但是还是没有忍住，在巴塞罗那通信展上同时推出了 3 款机型。"雷军将 HTC 走下坡路的原因归结为不够专注。

雷军没有动摇自己专注于一款手机的决心，他和小米团队将所有精力都集中在这款手机的完善上。这样经过八九个月，雷军发现，在各种各样的排行榜中，小米仍然排在第一、第二位。

也有人建议雷军学苹果，做一款米 Pad。但是，雷军认为，做米 Pad 需要大量的投入，还不一定能和 iPad 竞争，这是一件吃力不讨好的事情。他还是坚持自己的理念：集中所有资源，专注做好小米手机，提高用户体验。

因此，当有人问道："你担心小米会被抄袭吗？"雷军从容地答道："如果小米被别人抄袭了，那只能说明小米现在还做得不够好。我们一年只专注做一款手机，只想踏踏实实地将产品做到极致。"他坚信，小米只有真材实料，只有做到极致才能赢得最终的胜利。

志趣相投
的小米创业团

　　2011 年 8 月 16 日，小米公司发布了第一款小米手机。这离小米公司 2010 年 4 月 6 日成立仅仅 1 年零 4 个月，离小米开始手机硬件的设计和制作也仅仅只有一年的时间。而且最关键的是，正如雷军所说"这是一款性价比极高的高端智能手机"。

　　事实上，能够成就如此小米速度，离不开小米公司那 7 个堪称超豪华的联合创始人团队，团队中的 7 个人分别是：

　　雷军，金山软件的掌门人，著名的天使投资人；

　　林斌，谷歌研究院的副院长、工程总监、全球技术总监，全权负责谷歌在中国的移动搜索与服务的团队组建与工程研发工作。再早一些时候，林斌是微软工程院的工程总监，是当今软件产品和互联网产品技术领域中数一数二的人物。

　　黄江吉，微软工程院的首席工程师。在加入小米前，他已经在微软工作 13 年，人们都亲切地叫他"KK"。

　　洪锋，在美国谷歌是高级工程师，回到中国后，任中国谷歌第一产品经理。他最令人惊奇的经历是他在谷歌用 20％的业余时间和几个人一起做了 Google 3D 街景的原型。在中国谷歌，他所主持开发的谷歌音乐成为中国谷歌为数不多的饱受赞誉的产品。

黎万强，2000 年大学一毕业就加盟了金山软件，历任金山软件的人机交互设计总监、设计中心总监和金山词霸事业部总经理。在金山 10 年的职业生涯中，从一个设计师成长为一个百余人规模的事业部的领导者。

刘德，一位来自世界上顶级设计院校艺术中心设计学院（Art Center College of Design，简称 ACCD）的工业设计师。

周光平，摩托罗拉北京研发中心总工程师，从 1995 年开始，就在摩托罗拉任资深工程师。

小米创始人团队的这 7 个人可以说各有所长，但他们也有一个共同的特点：每一个人都是业界的精英人物。

其实，早在 2009 年年底，感觉到已经快 40 岁的雷军很想做点事情。此时，他已经确定智能手机将要普及化，自己的手机之梦时机恰好成熟。而已在商海沉浮 20 年的雷军，深知一个优秀的团队对于企业的意义。在小米科技成立前，雷军就在策划着怎样组建一个强大的团队，从而助力小米完成飞向高空的梦想。

2009 年 12 月 16 日夜晚，北京灰蒙蒙的夜空中飘着纷纷扬扬的雪花。

这一天是雷军 40 岁的生日。在燕山酒店对面的咖啡馆里，朋友们为雷军准备了一个不寻常的生日聚会。金山词霸的黎万强、多玩网的李学凌和赵剑，以及乐淘网的毕胜等，很多人都来了。只是聚会的气氛有些古怪和沉重，没有举杯相庆，没有欢声笑语，众人围坐在沙发里神情谦和地和寿星安静地聊着天。

"我原来不成功，今天也不成功，我可以做得更好，但是没达到。在我看来，我是失败的，很多人都说我是成功者，但我感受不到。"

"之前我干别人看，现在我在旁边看着别人干，充其量就是一个坐在包间看球的，尽管知道很多内幕，但是我连个教练都不是。"

雷军一句句说着，心中似乎充满了挫败感。

"一上来我就跟创业者说我不要投票权，不要听我的意见，你知道这多可怕吗？"

寿星如此的心情感染了在场所有人的情绪，整个聚会的气氛变得有些低沉。

"其实我觉得你就是命苦运不济，以你的聪明才智、勤奋投入、远见卓识、度量胸怀，本该干出一番大事业！"有人忍不住为他打抱不平。

"40岁了，我觉得不甘心，这辈子事情还没有做完就退休了。我就是想做一件伟大的事情，享受骄傲自豪的感觉。"

在过去的20多年中，尽管他很早就成名，一路风雨兼程，头上的光环也越来越多，刚过而立之年就成为金山最年轻的CEO，不惑之年上市了一家公司，创立又卖掉了一家公司，无论是眼光、能力、勤奋，都不输圈内任何一个顶级企业家。

"我对挣钱的欲望没有把一个东西做成功的欲望强，要不然我不会写16年的代码。我40多岁了，该有的都有了。我不认为自己是成功者，也不认为自己是失败者，我只是在追求内心的一些东西，在路上！"

"雷军，不如你出来创业吧！40岁才刚开始，你怕什么！"黎万强举杯大声道。

"好！"雷军坚定地说，端起的酒杯碰撞出一串闪耀的水花。

于是，40岁生日刚过，雷军就开始为小米组建一个豪华的创业团队，而林斌则很自然地成为第一个登上小米战舰的人。

2007年6月，林斌是谷歌中国工程研究院的副院长，负责谷歌移动的研发和Android系统的本地化。当时的林斌想推动谷歌和UCWEB之间的合作，帮助做移动搜索，林斌就是这个项目的负责人，而雷军则刚刚接任UCWEB的董事长。就这样，两人在谈判桌上认识了。

两人一见如故，雷军惊讶地发现，林斌有发自内心对产品的热爱，他在 Google 所做的工作和产品都非常专注和投入。他们很快成了无话不谈的好朋友，经常相约出去，往往从晚上 8 点一直聊到次日凌晨两三点，内容基本上都是对移动互联网和手机产品的看法。

两人最常见面的地方是北京盘古大观酒店的咖啡厅，每次的程序基本上都一样：面对面坐下，各自从包里掏出一大堆手机摆在桌子上排成一排，然后逐个拆机研究，弄得满桌子都是大大小小的零件，连杯子都没有地方放。服务员见到这样的情况，好奇地问他们："你们是卖手机的吗？"两人不禁失笑。

有一次，雷军和林斌聊天时，林斌透露说："我想出来自己创业，做一个互联网音乐的项目，你看怎么样？"雷军听后对林斌说："别做音乐了，音乐我们投点钱，别人干就可以了，没意思。咱们一起做点更大的事情吧！"就这样，林斌第一个加入了小米团队。

接着，林斌将自己的朋友黄江吉介绍给了雷军。黄江吉不到 30 岁就成为微软工程院首席工程师，已经在微软工作了 13 年。也可能是机缘巧合，他和雷军认识时，正面临着一个选择：是创业还是留在微软继续干？是留在中国还是去美国？

当时，在北京知春路上的翠宫饭店，3 个人聚到了一起。从手机到电脑，从 iPad 到电子书，3 个人一聊就是好几个小时，雷军成功地扮演了一个超级产品发烧友的角色。

黄江吉感到很震惊："当时我以为自己是 Kindle 的粉丝，没想到雷军比我更了解 Kindle。为了用 Kindle，我自己还写了一些小工具去改进它，没想到雷军比我还疯狂，他甚至把一个 Kindle 拆开，看里面的构造怎么样。"

4 个半小时后，在分别时，已经感觉到雷军和林斌两人意图的黄江吉说：

"我先走了，反正你们要做的事情算上我一份！"就这样，第三个创始人被雷军拉入了小米的创业团队。

而洪锋似乎是个很难对付的人。"你接触他，会感到压力很大，他没有表情，他随便你说什么，你不知道他是怎么想的，但他是一个绝顶聪明的人。"雷军这样评价他。

洪锋很强势，雷军和他之间的碰面实际上成了他对雷军的一种面试。雷军应付了他提出的近 100 个问题，比如你是谁、打算怎么做手机、小米能给我洪锋带来什么诸如此类的问题。

当雷军将问题回答完毕，洪锋终于饶有兴趣地说："这件事情够好玩，梦想足够大。或者说这件事情足够不靠谱，因为它太疯狂了。你觉得这个事情从逻辑上来说靠谱，但是从规模和疯狂程度上来说，是绝对的不靠谱。这很有挑战性，我决定挑战一下。"这样，洪峰也登上了小米的战舰。

至于黎万强，十余年的共事关系让他和雷军的私交非常好。2009 年年底，黎万强决定辞职离开金山，于是找到亦师亦友的雷军。

"我想去做商业摄影，你觉得这个方向怎么样？"

"我这里也有个方向，要不你来跟我一起干？"

"没问题。"

"你知道我要干吗，就这么答应了？"

"你要做手机。"

一段堪称经典的默契对话之后，雷军笑了。黎万强加入了小米。

而刘德这个人，雷军认为自己请不起，所以最初并不在他的合作规划当中。但已经加入小米的洪锋，他的太太和刘德的太太是很好的朋友，这样一来，就为雷军和刘德搭上了关系。于是，洪锋联系刘德说："你在美国休闲成那样，多无聊啊！不如回来和朋友们聚一聚吧！"

2010 年 5 月，刘德出差到北京，接着在银谷中心大厦的小米公司见到了雷军、黎万强、林斌和黄江吉，几个人从下午4点一直聊到晚上12点。

可是刘德就是不开窍，像根本听不明白几个人的一再暗示："这事儿挺好，只是我又能帮上你们什么呢？"

雷军无奈，只好坦言："我们想拉你入伙。"

但是刘德纠结了。究竟要不要放弃自己在美国的公司来加入小米，他一时难以决定。

没有得到明确答复的雷军，当晚就没有睡着。就在雷军忐忑不安的时候，回到美国的刘德反而想通了，他给雷军回话说："我非常愿意加入这个团队，因为找到一个好团队太难了！"他说自己这些年很累，原因就是没有一个好的团队。

"小米选择了刘德，刘德也选择了小米。"雷军说，"我很庆幸洪锋能介绍刘德给我认识。刘德现在幸福不幸福我不知道，反正有了刘德，我是非常幸福的，他做得非常出色！"

雷军的团队扩充到现在，能够做手机系统、软件和设计的人都有了，就是缺少一个能将小米"种"出来的人。2010年7月1日，小米公司准备启动硬件项目。万事俱备，只欠东风，雷军为寻找一个合适的人几经周折，还是毫无头绪。

整整一个夏天，3个月时间，雷军见了超过100位做硬件的人选。最夸张的一次，他和一个理想人选7天时间面谈了5次，每次10小时。但是很遗憾，最后因各种原因没有达成共识。9月，一个周五的晚上，雷军又一次面试毫无结果，几乎绝望了。就在山穷水尽的时候，林斌说："试试看周博士吧。"

万般无奈的雷军约到了55岁的周光平。周光平是个科学家式的人物，从1995年到2009年，在摩托罗拉工作将近15年，他关注的是产品真理和科研中带来的成就感。经历过摩托罗拉的3次大起大落，周光平分明似乎已经看到这家公司的大势已去。

本来这是雷军迫不得已的选择，没想到两个人见面以后居然都感觉相见恨晚。在小米的办公室里，他们从中午 12 点一直聊到晚上 12 点，从互联网聊到硬件设计，从用户体验聊到手机发展趋势，甚至连出去吃饭的时间都不愿浪费，叫了两次盒饭来解决温饱问题。

几天之后，这位 55 岁的"种米人"登上了小米的战舰。随着周光平的加入，雷军的小米创始人拼图也最终完成。

事实上，小米不光承载了雷军一个人的理想，而是 7 个"老男孩"共同的最后的梦想。55 岁的周光平在走进雷军这块"种米试验田"的时候就说："如果小米手机做不成，我这辈子再也不做手机了。"

于是，为了实现梦想，追求成功的内心体验，每个人喝了一碗小米粥之后，7 个创始人便走上了为梦想而战的道路。接着，这个积聚了 IT 行业顶尖精英的豪华团队很快就将小米手机生产出来，并且很快让小米手机以极快的速度掀起漫天的小米风暴……

要做就做
一直让人"排队"的产品

　　从小米科技 2010 年 4 月成立到 2013 年 9 月，小米、小米 2S、小米 3、小米电视、小米路由器相继面世。这种产品下线速度，通常其他公司可能用几年，甚至十几年才能完成。即便如此，完成这样的产品线，也需要庞大的团队才行。小米团队速度之快，效率之高，恐怕是很多企业难以企及的。业界把小米这种快速崛起的模式称作"小米速度"，其所凭借的却是一个人数精简到最低水平，最精干、反应最灵活的团队。精悍短小，扁平有力的团队是小米成功的根本，依靠优秀人才最大限度地发挥其工作的积极性，小米创造了前所未有的奇迹。

　　所谓扁平化的管理模式，就是尽量减少公司内部的管理层次，压缩职能部门和机构，使企业的决策层和操作层之间的中间层级尽可能减少，以使企业快速地将决策落实到企业生产、营销的最前线，从而提高企业效率的管理模式。不过，小米的扁平化，更多是基于创业的创造力热情的驱动。创业之初，对于雷军来说，愿意和他创业的软件灵魂人物们，在战略选择上早就不成问题了，他们彼此熟识，理念和想法都高度一致。5 个软件狂人，对于雷军小米手机的前景，都已充满创业的憧憬。可是，小米终究是一款硬件产品，光有宏大的目标和战略前景是不行的，产品要落地，造出一款真正过硬的样机才是关键。

小米团队最初的 8 个人中 5 个是搞软件的，硬件方面略显薄弱。软件背景的合伙人要说服硬件合伙人，很明显，靠传统的多数规则，或者是自上而下的命令方式，不合时宜。

这就决定了雷军的战术思路，靠软件工程师的战略思想说服偏好硬核的硬件工程师；在具体的硬件方面，又充分放权给硬件大师们，这样就最大限度地避免了战术和战略脱节的问题。

在互联网上制作手机，这是前人没走过的路。愿意听信雷军的创业宏图的硬件工程师，一开始就出奇地少。这让其他合伙人一度认为，小米能找到合适的人才，是一件希望渺茫的事情。

雷军心里却并不这么想，他坚持认为：如果你招不到人才，只是因为你投入的精力不够多。一个资深硬件工程师被雷军看上，遗憾的是，这位人才对小米的创业前景不太看好，对自己是否适合创业也抱着怀疑的态度。为此，雷军先是以天使投资人的想象力为对方打气，接着几个合伙人轮番上阵，使出浑身解数，各显其能，整整花费 12 个小时说服他。最后工程师说："好吧，我已经体力不支了，还是答应你们算了！"

咬定青山不放松，这是雷军的创业特色。按照雷军的单点切入、集中产品的原则，有了人才，并不等于万事大吉。人才和人才共事，麻烦才刚刚开始。如果大家各自为战，劲儿不往一处使，那也是事倍功半。因此，妥善地处理团队的具体工作方式问题，至关重要。

小米团队是小米成功的核心原因。雷军为了挖到聪明人不惜一切代价，但他更关注对方踏实工作的态度。到小米来的人，都是真正干活的人，他想做成一件事情，所以非常有热情。来到小米工作的人都很聪明、技术一流、有战斗力、有热情做一件事情，这样的员工做出来的产品注定是一流的。

做事的人多，大家的注意力都协调到一处，自然不需要层层管理，也不需要来往程序监督执行反馈。雷军给自己的定位是首席产品经理。他说，他 80% 的时间是参加各种产品会，每周定期和 MIUI、米聊、硬件和营销部门的基层同事坐下来，举行产品层面的讨论会。

小米的组织架构非常简单，就是"创始人——团队 Leader——员工"。创始人一开始 7 个，后来加上多看的 CEO 王川，一共是 8 个人。

创始人中，雷军是董事长兼 CEO，林斌是总裁，黎万强负责小米的营销，周光平负责小米的硬件，刘德负责小米手机的工业设计和供应链，洪锋负责 MIUI，黄江吉负责米聊，王川负责多看和小米盒子。公司之中也只有他们 8 个人有职位，剩下的都是工程师。小米公司大本营的办公布局很清晰地把小米的业务区分了开来，一层产品、一层营销、一层硬件、一层电商，每层都有一名创始人坐镇，大家各司其职，互不干涉。

MIUI 的负责人洪锋很喜欢如今的小米格局，他说："这个公司业务的雄心和容量大，所以说它足够容得下这么多有能力的人，大家都希望我们的创业伙伴能够在各自分管的领域给力，一起把这个事情做好。"

所谓团队 Leader，就是每一个具体项目的具体负责人，但并不是固定不变的。比如每一个具体项目，原则上每一个工程师都可以申请成为 Leader，然后组建团队完成任务。小米的每一个小的团队一般不超过 10 人，团队 Leader 的工作除了带领团队研发、日常内部管理之外，主要就是与其他部门的协调与沟通。

这样的管理制度将大大减少管理信息反复沟通的中间时间。像小米这样上千人的公司，基本没有什么季度总结会、半年总结会。2012 年 8 月 15 日小米开放购买，从策划、设计、开发、供应链备货前后时间还不到 24 小时，上线后微博转发量近 10 万次，销售量近 20 万台。

为了能让扁平化的效果达到最好，小米的薪酬制度也力求与这种扁平化模式相适应。小米普通员工也就是工程师，由于没有什么职务可供晋升，最实在的就是涨薪水。扁平化管理的关键就是要发挥每一个人的主观能动性，如果员工不能和公司的目标一致，不能全力以赴，那么小米速度自然也就无法实现。小米公司没有 KPI（关键绩效指标）考核，靠的都是员工自己的敬业精神。

因为大家不用盯着"职位"，所以平时也都把精力放在了研发之上。这是实实在在的靠技术和实力说话，既不用讨好上级，也不用考虑派系，没有那么多钩心斗角的"职场潜规则"。

雷军对扁平化自有心得，他曾经打过一个小餐馆理论的比喻。一个小餐馆成不成功一看便知，这个标志就是有没有人排队。第一，小餐馆一般大厨就是老板自己，饭菜好不好他自己最清楚，而且大厨每天在店里盯着，跟来的很多熟客都是朋友，因此最能了解客人的需求。第二，他有很强的定力，每天只研究一件事情，就是怎么把菜做好，虽然赚钱重要，但是做好菜比赚更多的钱更重要。这就是客人要排队的原因。

要是按照惯常的商业模式，一家餐馆开好了，就应该搞两家，两家之后再开四家，四家之后再开连锁，再大点的还想上市，结果管理层级越来越多，却没有人在意一线餐馆的菜品质量是否下降了，还有没有人排队了。小米之所以要扁平化就是要杜绝这个问题，小米所有的人包括 CEO 都要在产品一线，这样才能做出让人一直"排队"的产品。

雷军在金山时就有"劳模"称号，他创建小米公司，更是把这一特点发挥到了极致，小米的工作时间 6×12 小时工作。这样的企业放眼中关村也只有小米一家。小米不设打卡制度，但是所有人坚持了 3 年 6×12 小时，完全靠的是自觉。

雷军的小米团队从 7 个人发展到 14 个人，从 14 个人发展到 400 个人，但是管理的标准从来没有放宽过。扁平化的管理模式，加上团队上下一心，每一个人都全力以赴为了做好产品而努力，才成就了小米的飞速发展，才有了小米今天的成功。

小米生态圈：
树立共同梦想，所有人才会为之奋斗

　　雷军 40 岁重新创业，如果仅仅是为了制作一部手机，恐怕很难说服林斌、黎万强、周光平等人放弃原来体面的工作、优厚的待遇来和他一起创业的。就像说服投资人一样，雷军给他们讲了一个完美的故事。他发现的是移动互联网大行其道的契机，而要做的事情，不仅仅是生产一台智能手机那么简单，雷军要建立的是一个生态圈，是一个在移动互联网时代与人们生活息息相关，每个人都离不开的科技生态圈；而这才是小米科技真正的发展目标，也是其最吸引人的地方。

　　小米的 7 个创始人中，洪峰对雷军描绘的蓝图，理解得最为深刻。后来成为 MIUI 之父的洪峰把雷军所说的这个生态圈具象化了，"如果仅仅做小米手机，岂不太过无趣？小米会成为一种智能互联的生活方式。比如，烈日下准备开车，你可以用手机把车里的空调先打开；比如想要购物，可以刷手机直接消费等等。"

　　洪峰原来是谷歌的高级产品经理，从谷歌的实验室他见识了太多超前的发明创造，而"物联网"无疑是最吸引他的。所谓物联网，即通过信息传感设备，把任何物品和互联网联系起来，进行信息交换和通讯，以实现智能化识别、定位、跟踪、监控和管理的一种网络。而智能手机是所有设备之中，最容易成为物联网入口和控制终端的智能设备。

雷军创立小米公司，没有先做手机硬件，而是先做 MIUI 系统，也正是建立生态系统的考虑。因为支撑这个生态系统的，是操作系统能否被广大用户接受，这个系统又是否适合第三方应用软件公司开发应用。在 MIUI 系统有了几百万的用户之后，雷军等人才开始做手机，所以显得水到渠成。

　　而小米手机推出之后，完全通过互联网的方式销售，这也使小米网站成为名副其实的电商平台，而这个时候小米的生态圈也开始逐渐形成。

　　小米生态圈分为四大板块，即：软件 + 创意周边（硬件）+ 内容 + 生活。这几个生态圈的内容，又是层层递进、渐进实现的。

　　所谓软件生态圈，即小米的 MIUI 系统 + 小米应用商店 + 小米游戏中心。小米的 MIUI 系统每周更新，这在所有的智能手机系统之中是独一无二的。小米应用商店和苹果的 APP Store 一样，也是由第三方应用开发商开发的。小米应用商店从 2012 年 6 月上线运营到 2013 年 2 月，下载量超过 5 亿次，2013 年 3 月当月即达到了一亿次的应用分发量。

　　小米游戏中心的情况也很喜人，2013 年 4 月日均下载达 100 万，网站有一万款精品游戏、全年 30 款世界顶级游戏首发，2013 年有 100 款左右的精品游戏在小米游戏中心首发。小米生态圈的第一个板块，虽然开始运营也才一年多时间，但是整体上来看取得了非常好的效果。

　　小米生态圈的第二个板块是由创意周边及相关硬件产品组成的。所谓创意周边最主要的是小米的主题商店。小米主题商店累积下载量已经达到 7 亿次、日均下载频率 450 万。在小米主题商店里共有上千套主题资源以及上万种个性搭配，小米主题商店是全球最大的手机主题类商店。

　　小米主题商店之所以这么火，一方面是因为小米的用户年轻化，喜欢个性化的主题，另一方面主题的设计者可获得 70% 的收入分成，开发的积极性十分高涨。小米的主题除了在手机上应用之外，还可以根据主题生产后盖及周边配饰，成为个性化的手机装饰。

除了主题之外，小米官网卖出去最多的产品不是别的，而是小米公司的设计卡通玩偶米兔。2012 年，小米共卖出 18 万只米兔。此外，还有手机能用到的各种配件，如耳机、音箱、电源、移动电源、储存卡、读卡器、路由器，等等。更神奇的是小米官网还卖机器人、遥控飞机、遥控汽车等玩具，当然这些玩具都可以通过小米手机上的程序来控制。

2012 年当年，小米光是周边配饰的销售就超过 6 亿元人民币，这在其他手机公司和电商网站看来是不可想象的。再加上一年 700 多万台小米手机，难怪小米敢对外宣称自己是中国排名第四的电子商务网站。

小米生态圈的第三个板块是内容。2013 年，小米将多看阅读收归旗下，自此多看阅读器从小米的普通阅读应用，一下子成了小米的核心业务板块。多看阅读与 70 多家出版社、30 多家杂志社签约，共有电子书 40 万册。截至 2013 年 6 月共有 900 万注册用户，每天在线阅读的电子书达 200 万册。多看阅读一直以精品阅读为己任，电子图书的质量有保证，阅读体验可以与 Kindle 电纸书相比。

多看被收购之后，多看团队还负责了小米盒子的具体设计研发及运营。而之后不久，小米又发售了小米电视。手机也好，应用也罢，对消费者来说最重要的是内容。小米通过收购多看，已经拥有了电子书的资源，那么剩下的就是音频内容和视频内容。

而网络视频内容方面，搜狐视频、爱奇艺、优酷土豆、乐视等已经形成了战略垄断，即使在移动互联网方面也是如此，小米就想到了通过小米盒子做网络电视。不过，其在运营过程中受到广电局的限制，小米转而与拥有网络电视执照的公司合作，这种情况下小米还是宁可不挣硬件的钱（仅售 399 元）发售小米盒子，就是为了能够保证小米生态圈能够获得充分的内容资源。

小米生态圈的最后一个板块，也是最重要的一个板块，就是未来生活，换句话说就是小米的物联网。未来小米手机可以是钥匙、门禁卡、公交卡、信用卡、会员卡、名片，甚至相机、PSP、电视遥控器、家用电器控制终端、自动驾驶设备等等。只有你想不到，没有手机做不到的。

　　那个时候你可能真正离开手机不能生活，但前提是手机让一切变得便捷、安全、可靠。这不仅是雷军或洪峰眼中的小米生态圈，更是所有小米人为之奋斗的梦想。

第七章

小米传播学：米粉就是小米的广告

从追明星、追电视剧，到现在的追小米手机，小米成功地让上帝开启了癫狂模式，这叫"论营销手段的重要性"。

认为自己不够好，这是最大的谎话！
认为自己没价值，这是最大的欺骗！

有温馨的细节，
才有为发烧而生的小米

在互联网发展的前十年，整个行业尚处于被拓荒的状态。如果一家企业把握住了合适的产品方向，就能很快依靠人口红利累积一定的用户基础。但是，在今天的互联网行业，激烈的市场竞争已经让用户对产品的鉴赏能力极大提高。

雷军深知，在这样的时代诉求之下，只有极度贴近用户，用心与他们沟通交流，建立一定的情感维系，一个优秀的产品才能得到很好的发展。雷军就是用这样的理念创办了小米科技，并将小米手机定位成"小米，为发烧而生"，即小米是一款高性能发烧友爱好者手机。事实证明，雷军的想法是经得起事实验证的。

我们不妨先看一下小米手机销售的几个关键时间点：

2011 年 9 月 5 日，小米手机正式开放网络预订，34 个小时预订了 30 万部。

2012 年 1C 月 30 日，小米 M2 手机网络发售，首轮 5 万台在 2 分 51 秒内被抢购一空。

2013 年 4 月 S 日，小米连续发布 4 款新品，当晚 8 点，20 万台小米 2S 开放购买，在 2 分钟内售罄。

从上面一次又一次被刷新的销售速度的数据我们可以看出，小米是成功的，小米的销售也是非常成功的。作为一家年轻的企业，小米在中国强大的用户号召力毋庸置疑，不断刷新的纪录也让希望看到小米其实只是三分钟热度的人们大跌眼镜。

那么，小米依托什么能取得如此理想的成绩呢？其实，小米除了有硬件、软件和互联网的铁三角之外，还有另一个突出的特点：巨大的粉丝团。

雷军曾很骄傲地说："小米是个浩瀚的工程……但我从来没有担心过。因为我不是一个人在战斗，我的背后还有百万米粉！""小米与大部分企业的不同之处是在构建企业时，以米粉为核心，从使用者的角度细心思考了许多事情。"如果说小米是成功的，那么它最成功的一点便是塑造了自己独特的粉丝文化，让粉丝成为小米的代言人去主动宣传小米的优点，并维护小米的品牌荣誉。

小米的第一批粉丝多是技术和创业爱好者，他们对手机设计有想法并且渴望实现自己的想法。"大部分粉丝心中对完美手机都有很多想法，但因为开发一款手机很难，他们很多人无法实现自己的想法。他们会给我们提供意见，告诉我们希望在手机中实现什么样的功能。一旦我们采纳并实现这些功能，他们就会乐于与好友们分享好消息。"雷军这样描述小米狂热的粉丝，他认为这些粉丝正是小米不断改进的动力和基础。

因此，作为互联网开发过程中的一个重要环节，小米科技的员工每天都有一项极其重要的工作，就是有事没事泡论坛，找人聊天，广泛地收集论坛上米粉反馈的信息。雷军每天都会花一定的时间到论坛上亲自解答粉丝的提问，从他小米的办公室里，时不时地传来这样的声音："不错！""你快来看看这个建议！"小米也在这样的催促下得到了迅速的完善和升级。

产品试用过程中，小米团队也坚持在第一线和米粉交流，在第一时间获取新的建议，尽快进行改进。雷军倡导组建了"荣誉开发组"，这个开发组最初由 120 名自愿申请的发烧友组成，在 MIUI 每周升级的节奏中，周五发布新版本，周六到周一 MIUI 团队收集反馈，修正漏洞，周三又将更新的版本交给荣誉开发组的成员测试，不断修改，周五下午 5 点再向外界发布。就这样，整个过程中都由这数十万用户驱动，最大限度贴近了用户的需求。

不光如此，就连小米手机正式发售前的最后一次小范围公测，也是由 MIUI 论坛的发烧友完成的。先期发售的 600 部工程纪念版，只针对满足一定条件的 MIUI 论坛发烧友。小米鼓励这些愿意尝鲜的发烧友在使用过程中及时反馈问题，根据这些问题的重要程度给予奖励。若遇到严重问题，购买者可换正式发售后的新机器。根据这些反馈，小米不断在操作系统的升级和手机迭代中将性能和功能调到最好。

雷军认为，在这个时代，年轻的人们都需要一种热爱，而"为发烧而生"的小米手机就是在为米粉们提供一种值得他们热爱的物品。用雷军的话说，发烧其实是一种文化。"比如单反相机、HiFi 音响，老百姓都玩不起，连 iPhone 对很多人来说也算是高消费。而拥有了发烧级的硬件配置的小米手机，却保留了亲民的售价。"雷军希望小米手机能够为更多的消费者呵护着对"发烧"的热爱。

实际上，在网络上因共同的喜好而组成的团体，他们不仅仅只是一群人，这种情况已经成为一种文化现象，一种生活方式。比如，有一些人会因为宠物结缘，在 CPN 宠物论坛，那些爱宠物的人通过线上交流而结识，继而成为现实生活中的好朋友；比如，有一些准妈妈通过篱笆网相识，她们在网上一起分享着即将为人母的紧张、喜悦以及激动的心情，因为宝宝，这些妈妈很自然地成为生活中的朋友，有的还发展成为几个家庭结成的小团体。

小米的米粉们也一样。他们通过小米论坛社区、微博、米聊等时下最为流行的移动社交平台，在网络上因小米而成为有共同语言的朋友，并共同结成了一个庞大的团体——米粉，而且又通过小米或者他们自己组织的线下活动实现面对面的交流与沟通，最后甚至成为真正的朋友。

可以说，雷军很懂得和用户拉近感情和距离。他跟自己的团队说："小米拥有的是粉丝而非用户。用户跟粉丝是两回事，用户是在没有更好选择的时候用你。怎么真心真意对待你的每个用户，怎么让你的粉丝支持你，这是最重要的。"处于为小米拓荒时代的雷军知道，只有贴近用户，与之交流，建立情感维系，才能支持产品的发展。

另外，小米粉丝文化中还有一个重要的信条：开放。"小米除了是一家手机公司外，还是一家互联网公司。"雷军摒弃了传统手机行业的研发模式，而采用互联网模式研发，小米不采取闭门造车的方式研制手机，而采取用户重度参与模式做手机。

在小米手机操作系统 MIUI 的成长过程中，很多模块都向用户开放。"我们营造了一个粉丝社区，链接了全球发烧友，让他们一起来帮我们完成。我们是一个开放式的操作系统。"小米手机的系统 MIUI 每周更新迭代，首次引入了互联网模式。论坛上有超过 50 万发烧友重度参与开发改进，"基本上你今天有意见和建议，我们下周就能作出修正"。

MIUI 论坛粉丝的发展，是雷军和小米团队引以为傲的部分。2011 年 8 月 16 日发布的 MIUI 正是在没有任何宣传推广的前提下靠好的产品和紧密沟通赢得了 40 万狂热的论坛粉丝。粉丝的建议在这里受到高度重视，使他们体会到强烈的成就感，也增加了他们对小米的忠诚度。

"因为米粉，所以小米"也是雷军经常讲的一句话。在小米的发布会上，雷军多次提到米粉对小米所做的贡献：MIUI 最初只开发了中文简体、中文繁体、英文 3 个版本，有热心米粉为小米补充上传了 25 种语言；原生

MIUI 的适配机型只有 36 款，在众多米粉的努力下，MIUI 的适配机型多达 143 款。

当然，也有人认为，发烧友只是一个特定的用户群，不一定能代表广大用户。而在雷军看来，发烧友其实是最苛刻的用户，"他们的反馈意见会不断地推动小米手机改进用户体验。而且，数十万人的发烧友队伍将成为口碑营销的主要力量。小米的成功在于依靠 MIUI 和米聊用户，以及一批批用户的口口相传"。

与此同时，米粉们还自发形成了强大的凝聚力，小米公司的品牌效应终于成型，小米手机和小米公司已经产生非常强的正向品牌拉力。正如小米公司联合创始人黎万强在不同场合所说的，不管是在产品上还是在服务上，小米都秉承着"用户至上的米粉文化"。

以用户
为中心：口碑源自完美

"用户体验"这一术语指用户个体与产品进行交互时用户获得的主观体验。我们经常会谈论某家餐厅的服务很好或电影院的环境很糟糕等，这就是一种用户体验。

人类社会正在逐渐走向体验经济时代。IT 产业的生命周期相对较短，人才、技术和产品的更新迅速。这种环境下，传统保持公司优势的做法是微软模式，即技术不断升级，或以 IBM 为代表的模式，即服务不断升级。

"竞争的目的是为了给用户更好的体验。我们首先要做的是用心做产品，把心思放在产品和用户那里，用户才会支持和拥戴你。"这是雷军在 2011 年互联网大会上的肺腑之言。

在雷军的创业战略中，小米的定位是所谓具备"铁人三项"的互联网公司。软件、硬件、移动互联网的高度标配，直观地看，并不和小米这家公司的本质直接相关。至少如今，同时经营这 3 大项的公司并不罕见。

软件和硬件相结合，早在苹果和微软的时代，就已经是普遍的公司模式，即便是所谓移动互联网，也并不是什么新东西，从蜂窝通信技术获得突破，芬兰人的诺基亚和美国摩托罗拉一直在这个领域是排头兵，在技术的细节上，每一种制式，移动网络通信的标准，差不多在乔布斯崛起的很多年前就确立了。如此说来，雷军的"铁人三项"也似乎没有什么稀奇。

但这显然不是小米的核心所在。表面上的词语组合掩盖了小米手机超越常人理解的本质。小米的本质或者说核心的竞争力源泉，正是雷军所说的"用户体验"。一切为了用户的体验，用心做产品，这是雷军在众多场合下对于小米从不改变的阐释。

因此，小米最值得一提的秘籍是"可感知体验"。比如，为了测试米3的高灵敏触摸屏的敏感性，小米的产品团队从市场上买回了包含各种薄厚度和材质的手套去一遍遍试验。

再比如，为了凸显小米电视的外观色彩设计，曾是摄影深度爱好者的小米副总裁黎万强想出了一个办法：将发布会的体验区专门进行了装潢，按照不同的使用场景设计出8种色调，以让用户有身临其境之感。

实际上，这些小事通常是不为人知的，它们往往都隐藏在光鲜亮丽的发布会背后，但这些尝试与努力的最大作用就在于可以为用户提供可触控的、可感知的使用体验。在雷军看来，它的杀伤力要远高于强调多少个核、性能跑分等冷冰冰的指标。

在基于用户体验来设计产品的这条思路上，显然乔布斯是个典范。苹果采用的是客户体验升级模式，更简洁的设计、更友好的用户界面、更方便的使用场景、更为高雅的外观和更为舒适尊贵的持有感等构成了更好的用户体验。这种客户体验基于卓越设计的产品之上，包括企业与客户接触沟通的每一个触点触面上。

许多客户第一次走进苹果的店面时，最大的感受就是苹果店的环境设计和其他IT电子产品的店面完全相异。在看上去朴实无华的桌架上，各种产品的展示、使用恰到好处。客户购买完毕走出店面时提的购物袋，也可以制造出一种独一无二的独特购物体验。

苹果并不是首家追求客户体验并取得成功的公司，耐克将运动鞋打造成为时尚产品，索尼曾将磁带播放器打造为 Walkman。与之相同的是，苹果公司当前也处在体验经济正迅速取代产品经济的转折点。从行业角度分析，由于技术的普及和竞争对手的不断增加，厂商的成本可压缩空间和利润空间都趋于零。

同时，由于技术实现与需求的关系已经达到过饱和，在革命性的技术变革出现前，小规模技术改进对需求几乎没有任何刺激。这时，"产品与客户共鸣"、"制造让客户难忘的体验"成为新时代先发企业的制胜法宝。

在乔布斯眼里，最好的用户体验设计不仅仅是找准定位、产品自身的设计，他定下了几项基本原则：

1. 一定不要浪费用户的时间，例如巨慢无比的启动程序，又如让用户一次次在超过 50 个内容的下拉框里选择。请珍惜用户的时间，减少用户鼠标移动的距离和点击次数，减少用户眼球转动满屏寻找的次数。

2. 一定不要"我觉得"，不要打扰和强迫用户，不要为 1% 的需求骚扰 99% 的用户。

3. 一定不要提出"这些用户怎么会这样"的怀疑，一定不要高估用户的智商。

4. 一定不要以为给用户提供越多的东西就越好，相反，重点多了就等于没有重点，有时候需要做减法。

5. 一定要明白你的产品面对的是什么样的用户群。

6. 一定要去尝试接触你的用户，了解他们的特征和行为习惯。

虽然雷军也十分欣赏乔布斯对用户体验的关注，但小米并不是硬件拓展的苹果公司的复制品。苹果公司本身是能够利用软、硬件结合，在网络中依靠应用分成同时赚钱的特例。但小米不同，小米在雷军的培育下定位是一家网络公司，归根结底要靠软件服务来赚钱。只有服务臻于完美，才能获得用户的青睐，最终才能获得长足的发展。

在互联网公司的定位之下，小米的所有设计从最初开始就瞄准了用户和用户的体验互动。还在金山时代，雷军就是谷歌体验式设计的崇拜者，"谷歌十诫"是雷军要求所有游戏团队的员工必须抄写的。这十诫中第一条就是一切以用户为中心，其他一切纷至沓来。

小米手机抓住了消费者体验基本的两个要点，一个是消费者高品质的应用的需求，第二个是硬件的体验怎么样。"对于硬件方面，小米手机虽然一直以价格实惠为核心，但是作为用户，其实我们更希望看到的是硬件的稳定性与更好的用户体验性。"雷军说。

在创业初期，雷军比任何人都更加关注来自客户方面的看法和建议：小米手机还没有面世，相较苹果封闭的体系，安卓手机的体验带给雷军的更多的是一种机会。开放式的安卓手机，因为其特殊的开发模式，在体验环节受到更多用户的关注和质疑。

雷军认为安卓手机的体验不是一家硬件公司独立可以完成的，需要整个生态圈的支持。在中国，整个安卓手机差不多占市场销售额的 90% 左右，在全球占 60%，雷军判断未来这种趋势还将不断扩大。对安卓手机的体验和抱怨之声不绝于耳，最多的抱怨就是手机耗电，"我买的新手机用了一个月，手机半天就没电了"。还有抱怨说，"用了一段时间手机死机反应慢，而且流量消耗特别快，还有各种各样的弹窗、广告"。整个体验比较差，抱怨特别多。

为此，雷军专门召集设计团队，集中解决应用的需求问题："我们做了一个小的测试，我们用小米1S，我们一个月前刚发布全球速度最快的一款手机，配原生的安卓系统，装了最流行的一款应用，什么事情都不干，不打电话，不上网，不收短信，把手机放到桌上，你会发现12个小时之后就没电了。这就是我们发现的现状，远远超出大家的想象，大家指着你说小米手机不好，小米手机电池不耐用。其实核心问题不在手机上，核心问题在第三方应用上。"

雷军发现该系统的手机，消息通知栏、各种各样的广告消息和不少应用抢占了手机通知栏的位置。大量的手机应用开发者，由于成本的压力，纷纷在用户的手机上内置插件广告，要求有通讯率存储短信的权限，存储GPS位置，安卓的权限被应用软件大量滥用，这样做的结果是什么？没有一个成熟的产业心态和合理的开发生态圈，雷军认为这是安卓手机体验差的根本原因。

在找到问题的根源后，小米工程师的首要问题就转而集中于用户的体验上，用户不喜欢弹窗，喜欢简洁，小米的设计就尽可能地贴近他们的需要。智能手机耗电量大，电池出问题，小米设计之初就按照最高的标准配备电池。联网后台启动、开机启动，小米坚持用户不给权限不做。

用户体验的出发点不是上帝而是平等互动的朋友，这才是小米公司体验式设计的另一个重大出发点。雷军曾经说，网上有很多人出来评价小米，有表扬的，也有批评的。对于那些建设性的批评，他很焦虑，总感觉没有把他们服务好。

如履薄冰的情绪一度是雷军的心病。经过一年小米手机的销售，雷军的一位朋友说，雷军如今面对外界的质疑已经淡定了："以前别人说些什么，他特在意，总想解释什么，反而越解释越麻烦。雷军想透了，对挨骂已经能够理性看待了。"

顾客是上帝，这一点早已是商业常识。可是光把顾客看成上帝，看起来是并不成功的。对于小米来说，小米的用户体验的基因，必须深深地嵌入产品的完美设计中才是可行的。既然是用户体验，自然也就在全方位地向用户开放的同时，承受客户各种各样的疑虑、压力和挑剔。雷军的看法是中国极少有人信上帝，"我认为把用户当上帝是瞎扯，而应该是把用户当朋友"。"假如朋友手机坏了，你愿意给他修 7 天吗？你敢吗？要把所有消费者当朋友，他们遇到困难时我们要想办法第一时间解决"。

"以前我们做互联网，你从产品到运营再到市场，熟悉一个新工种有一两年时间就差不多了，但硬件真不一样，没个十年八年你真不敢说自己是资深人士。"黎万强说。雷军在硬件上正赶上谷歌的安卓系统的工程师出走，进入小米后，在硬件的设计和制造上，自然也就先人一步。

小米手机最初也有一定的问题，比如出现了一些产品上不稳定的问题。但大部分的问题，只要"米粉"们一有抱怨，工程师们就会立刻集合在一起，通宵达旦地解决。在黎万强的工作中，"改"这个字已经成为他带领下的团队的唯一关键词。雷军在办公桌上做出的那个倾听桌面开启声音的动作，正是这种投入，全身心地加入到修改，不断地修改，继续修改，直到用户满意，达到最大默契的写照。

从用户的需求出发，一切以完美服务用户的态度制造产品，改进产品，主动沟通用户，以社交网络中平等互动开放的态度来应对一切难题，点对点地解决复杂的产品软件和硬件问题，已经成为小米的资产中的核心部分。而这才是雷军的"铁人三项"公司真正的竞争力之一。

在小米高速成长的背后，这一点必将伴随着小米的新的征程持续下去，就像当初金山的核心产品不是雷军的游戏，但雷军能让金山延续至今不倒。能够挖掘制造出一种超越个人魅力之外延续产品的永恒竞争力，从软件到硬件，以设计沟通灵魂，这是雷军的优点，更是移动互联网的未来。

适时营造
出乎意料的惊喜

互联网公司的游戏规则就是得产品经理得天下，雷军把这种产品经理方法引入到了手机领域。"互联网上一个人夸你的产品好，多半原因是超出了预期，不超出预期没人说你好。而预期是跟期望值比较的，过于高调只会把用户的期望值吊得越来越高。"在雷军看来，只有超过预期、令用户尖叫的产品才能形成口碑。

在小米，雷军的第一定位不是 CEO，而是首席产品经理。小米公司几千人的规模，雷军在整个公司的管理上只有每周一次、每次一小时的公司级例会，也没有什么季度总结会、半年总结会。他将 80% 的时间都用来参加各种产品会，每周都会定期和 MIUI、米聊、硬件和营销部门的基层同事坐下来，举行产品层面的讨论会。

在产品思维上，雷军一直用两点极致的标准来衡量小米的行为：第一是用户会不会为小米的产品尖叫；第二是用户会不会真心地把小米的产品推荐给朋友。因此，在产品方面，雷军一方面通过精益求精，以及"顶配"、"首发"、"低价"这样的词语来不断引发用户的尖叫，另一方面通过超越用户预期的服务来赢取口碑。

比如，小米到目前为止发布了 3 代手机，每一代在当时都是业界的最高配置，即"抢首发"的策略。因为首发，用户会为能够拥有这样一部手机而感到满足，甚至是可以用来炫耀的。小米 1 采用的是国内首家双核 1.5G 芯片，定价只有 1999 元的中档价位，性价比超出消费者的预期。小米手机因此一炮打响，制造了"用户尖叫"的效应，供不应求。

之后，小米 2 打的是发烧级四核高性能芯片，首款 28 纳米芯片，并在当时主流机器的内在都是 1G 的时候，小米 2 将内存标准提升到 2G。作为当时的"最高配置"，价格依然是 1999 元的中档价位。小米营造的这种"尖叫"慢慢形成一种惯性，以至于后来的红米、小米 3、小米机顶盒、小米电视等新品都形成供不应求的火爆局面。

除此之外，雷军还坚持认为，在今天浮躁的移动互联网世界里，如果你想做成点事，最好静悄悄地低调去做，做出超出用户预期的东西。如果你做了很多广告吹嘘产品，把用户的胃口吊得很高，而产品达不到预期，最后用户一定会失望的。

雷军是个善于思考的人，即便是生活中一件细小的事情，他也不会做过了就直接忘到脑后。听说香港的太平洋帆船酒店是全世界最好的酒店，雷军在一次游迪拜的过程中便决定顺道去那里看看。结果却使他大失所望，他在心中产生了一个大大的问号：这就是传说中全球最好的酒店？这就是排名全球数一数二的酒店？为什么去了帆船酒店的感觉甚至比去海底捞火锅店还要糟糕？但是，海底捞真的比帆船酒店好吗？他发现，这其实是因为自己对帆船酒店和海底捞的期望不一样。因为海底捞的地理位置都很一般，人们不会对它抱太高的希望，但是帆船酒店是全世界数一数二的酒店，那里应该让自己有超乎寻常的体验。正是因为带着这样的期望，所以就很难满足。这或许就是人们常说的希望越大，失望越大。

口碑好不好，并不单纯在于那个地方或者产品的品质怎么样，而在于用户的预期有多高——口碑的真谛就是超越用户的期望值。无意间，雷军看到的美国一家卖鞋网站 Zappos 验证了自己的想法。

2009 年，亚马逊花 8.47 亿美元收购了这家网站，雷军刚刚得到这个消息时十分惊讶：凭什么它能值这么多钱？他开始研究这家网站究竟有什么奇特的地方。经过一段时间的了解，结果简单得让雷军自己都有些意外。

原来，这家网站最大的利器就是很会调整用户的预期，让用户不断地发出惊叹。他们承诺用户，交易成功之后，鞋子会在 4 天送达，但是实际上用户在隔天就能收到鞋子。并且，在这家网站买鞋的用户还能享受一项特权：买一双鞋可以试用 3 双鞋，然后将不合适的寄回来——当然这是免费的。而这些都是史无前例的。

这家网站的聪明之处不在于能在两天之内将鞋子送到，而是告诉用户需要等待 4 天而不是两天，所以提前收到鞋子的用户同时还收到了一份惊喜。

这给了雷军很好的借鉴，虽然做到这一点并不容易。雷军准备创办小米科技时已经是 IT 圈子中的名宿，一旦他出来创业，人们对他的期望值又怎么会低呢？

这个时候，雷军深知，在产品还不成熟的情况下过度宣传，会让用户期望值太高，对产品的口碑没有好处。相反，低调推出产品，让用户超出他本来的期望值，反而会收获好的口碑，打造好的产品形象。

于是，在小米科技创办的时候，雷军做了不少保密工作。刚刚开始组建团队时，雷军每见一个人，最后说的一句话都是："这件事情暂时保密！严格保密！"

当几十个人将第一款产品做出来之后，他并没有按套路出牌去打广告，而是带头领着一堆人在几个论坛里发了几张帖子。此时，谁也不知道那个产品是软件领域的元老做出来的，一时间，很多人都觉得这软件做得真好，最后竟然形成了庞大的"米粉"队伍。

单单靠着口口相传的力量，这款产品很快就传到了全世界，甚至还有一个美国博客站提名让雷军团队做年度产品。

其实，得到这个褒奖的雷军有些汗颜：若是大张旗鼓地做产品，不一定能有这样的效果。"其实还是因为别人不知道，用户没有预期，所以一出来感觉有些意外和惊喜，觉得这个产品很好。"他说。

小米所做的这一切都远远超出用户的预期，他们很乐意将这些事情和身边的人分享，从而使"米粉"的队伍不断壮大。

这样的推广手法，不光节省了小米手机市场营销的费用，还使小米团队看出产品对于用户真正的吸引力所在。"在互联网上，刚刚开始时最重要的不是大规模地做广告，而是做好搜索引擎优化和病毒式营销，尽量压下用户的预期值，专心做好产品，让产品说话。"雷军说。

在雷军看来，"一个公司最好的评价是用户口碑，用户口碑是一个公司能够长期生存并发展的生命线。一个公司想要处理负面影响，需要花很多的时间和资金，而且未必能消除影响。但是用户口碑会很快将公司的形象传播出去，用户口碑是电商行业的生存底线。"

在小米内部，雷军要求所有员工在朋友使用小米手机的过程中，无论遇到任何问题，无论是硬件还是软件，无论是使用方法还是使用技巧的问题，还是产品本身出现了 Bug（故障），都要以解决问题的思路，用心地去帮助朋友。

值得一提的是，在用户与口碑的建立上，雷军特别看重"人不如旧"的概念。他说："做天使投资时，我总会给老朋友便宜一点的价格。第一次跟着投的人永远最贵。这样，朋友得了实惠，而想要进入这个圈子的新人，贵的价格就是新人的入场券。对用户也是一样。别人都是老用户不停收费，新用户免费。为什么我们不能给老用户免费，对新用户收费呢？这样可能会放慢产品扩张的速度，但照顾好老用户之后，带来的是更加持久的品牌生命力。"

也因此，雷军一直要求小米要相信用户，相信用户口碑，相信一个超级忠诚的用户，能够带交更多的用户。正是这样的极致的产品思维，雷军才让小米一直拥有很高的用户满意度，以及良好的用户口碑。

从米粉中
来，到米粉中去

    随着社交媒体在网络沃土上的蓬勃发展，通过论坛、微博等方式，粉丝群体逐渐被放到和偶像平等的位置上，"粉丝经济"这个词语也已经不断被人们提起。而小米手机在互联网上的火爆预售场面，在一定程度上也让"粉丝经济"这个词引起人们更多的关注。

    由于粉丝既是观众也是主角，他们传播和发布的信息不仅成为人们浏览互联网的重要内容，制造了人们在社交生活中的热门话题，而且能够吸引传统媒体和新媒体的争相跟进，这些都让粉丝经济拥有了更加强大的力量。

    然而，在小米之前，只有影视、文学、娱乐等多个行业在粉丝的推动下前进着，当小米将粉丝经济运用到极致，甚至依靠网络打造了一条产值丰厚的粉丝产业链时，人们忍不住惊呼：原来还可以这样做手机！

    关于小米如何利用互联网的力量，雷军曾表示，就是从米粉中来，到米粉中去。这是超级泛化的众包模式逻辑，即一种以自由自愿的形式外包给大众网络的做法，粉丝各尽所能去成就他们认同的对象。

    在小米创业的初期，第一个产品是 MIUI 操作系统，黎万强是当时这个业务的负责人。雷军给黎万强的任务是"不花钱把 MIUI 做到

100 万"。"唯一的办法就是在论坛做口碑。"黎万强在雷军的重压下带领团队泡论坛、灌水、发广告、寻找资深用户。

从最初的 1000 个人中选出 100 个作为超级用户，参与 MIUI 的设计、研发、反馈，这 100 人成为 MIUI 操作系统的"星星之火"，也是米粉最初的源头。后来，在零预算的前提下，黎万强建立起小米手机论坛，这也成为米粉的集合地。

可以说，小米论坛社区是小米数百万米粉的大本营。发展到今日，在小米论坛上有几个核心的技术板块：资源下载、新手入门、小米学院，后来又增加了生活方式的板块：酷玩帮、随手拍、爆米花等。在这个论坛上，米粉参与调研、产品开发、测试、传播、营销、公关等多个环节。

可能很多人都难以理解，为什么会有那么多人每天打开电脑的第一件事就是登陆小米论坛，无条件地协助管理员维护论坛秩序，甚至可以牺牲睡眠时间，一天几个小时泡在论坛上？实际上，可以用一个词来解释这一现象，那就是——归属感。

在小米论坛社区，很多人不仅可以找到志同道合的朋友，还可以展现自己在生活中不能或者不敢表现出来的那一面，在论坛里，一个平时沉默寡言的人可能会摇身一变，成为一个可以得到众多人敬仰和崇拜的刷机高手。

而且，小米论坛还会通过徽章一类的东西来标明米粉的身份。现实中的他们怎样已经不重要，ID 才是他们身份和角色的象征。可以说，就是这种心理上的满足和归属感让很多人都心甘情愿地成为米粉，并坚定地成为这个阵营中的一员。

在小米论坛上，米粉可以决定产品的创新方向和产品功能的增减，为了激发米粉，小米还设立了"爆米花奖"：每周五下午 5 点被定义为"橙

165

色星期五", 每周都会发布新版本。下一周的周二, 小米根据用户提交的体验报告数据, 分别评出上周最受欢迎的功能和最烂的功能, 以此来决定小米内部的"爆米花奖"。

除了线上的互动, 小米还有很多线下的活动。小米不仅推出了针对小米会员的内部杂志《爆米花》, 还以小米"同城会"作为纽带, 让众多米粉在现实生活中聚餐、郊游、摘水果, 甚至一起去献血……

此外, 小米还设立了米粉节, 是与用户一起狂欢的 Party。这是米粉的节日, 在每年的米粉节活动上, 雷军会与米粉分享新品、沟通感情, 激发米粉的热情。而且, 每次的小米发布会也都是米粉们的一次疯狂的聚会, 有些米粉甚至骑着自行车不远万里专程赶来参会。

这些都是属于年轻人的生活方式, 它以小米为载体, 让人们以一种时尚的方式集合在一起。于是, 众多的米粉被这种生活方式所吸引。因为小米, 他们可以结交更多的朋友, 拥有不同以往的社交圈。

另外, 小米还十分重视从米粉的角度出发做事情, 他们对米粉无微不至的关怀都令米粉们十分感动。雷军曾经说过这样一件小事:

在小米公司刚刚创办时, 税务局所给的发票非常少, 每个月只有 5 本, 实际上总共只有 200 多份, 而小米公司一直在向税务局申请机打发票, 这个时间持续了很久, 一直拖了几个月。因此在前期的几个月中, 小米所销售的手机都拖欠米粉一张发票。

然而, 发票对于那些希望货物有保障的米粉来说是至关重要的。因此, 在小米公司可以机打发票之后, 他们一共用了 12 台高速打印机加班工作, 连续打了十多天, 期间甚至用坏了两台打印机。

一般情况下, 很多公司都会按照事先的约定将拖欠的发票补寄给买家, 仅此而已, 但是小米做出了一个让众多米粉感到欣慰的小细节。

为了对信任小米手机的米粉做一个小小的补偿，雷军要求小米一定要做到两点："第一，用快递寄出发票，让米粉能更快安心；第二，在发票里附了一张非常可爱的米兔贺年卡，同时还要寄一张手机的保护膜。"

雷军后来回忆说："这一个小小的细节，让我们收到了很多很多来自米粉的感谢信，也让我们感受到有很多用户在支持我们，支持小米手机。""从米粉中来，到米粉中去"的思维方式，让米粉成为小米手机最忠实的用户，据统计，重复购买2~4台手机的米粉甚至占到米粉总人数的42%。

其实，到今天也没有人完全吃透"小米模式"，也不懂雷军的"从米粉中来，到米粉中去"。其实，用互联网的方式做手机，小米的基本策略就是颠覆，将传统做手机的每一个环节都重新定义和更新。

比如，传统的方式制造手机是聘请顶尖技术人员闭门做研发，小米则是邀请米粉参与到产品的设计与研发当中；传统的方式卖手机仅仅是给用户使用，小米卖手机是和米粉们一起玩手机；别人只是在纯粹地卖产品，小米卖的还有参与感；别人花巨额资金请明星做广告，而小米则用米粉开创了互联网的新营销方式；很多公司不允许员工上班时间泡论坛、玩微博，而小米则鼓励"全员解放"，鼓励所有员工泡在网上，与米粉直接接触，将内部评价转移到外部评价……

虽然小米将粉丝经济做得风生水起，但这并不意味着粉丝经济是小米专属的经济模式。引领小米模式走向成功的关键环节，还有对核心用户的经营，对小米品牌的塑造，其核心是在产业成型初期对用户需求点的有效解决。

对于粉丝经济的未来，黎万强曾经指出，未来3~5年会产生更重要的趋势，即重新定义消费电子，不管是开源硬件还是智能家电，都与粉丝经济相关。这将是一个打造粉丝经济的新兴领域，而小米之后要做的产品还会继续巩固粉丝群体，通过粉丝的众包智慧解决用户痛点需求，进而加强品牌塑造，这会是小米在脱颖而出之后继续一路高歌的新机遇。

第八章
见微知著：小米的背后是一盘大棋

任何一个成功的企业都是有背景的，小米本来没有，但是自己后来造了一个。

成功是和自己的较量，
世界需要你的突围！

全局思想：
小米想做的不只是手机而已

　　小米科技并不只是一家做手机的公司，小米盒子、小米电视告诉我们雷军的野心远远不止是做一款手机那么简单。2012 年 11 月 14 日小米公司正式发布"小米手机最发烧的配件"——电视机顶盒小米盒子。

　　说到电视机顶盒，大部分人都会联想到我们在看有线电视时使用的设备。电视机顶盒通过接收有线电视信号并且解码的方式，向有线电视用户提供电视节目信息。但是小米盒子是一个真正的网络电视机顶盒，使电视成了一个网络终端，具备了上网的功能，而且还可通过小米盒子浏览网络视频节目内容。在小米盒子推出之前，市场上已经出现过海信盒子、盛大盒子、乐视盒子等产品。海信盒子是为了海信电视上网而设计；盛大盒子则想打造一个娱乐设备终端，整合盛大的内容资源；乐视盒子则是为了给乐视网的视频内容多一个电视出口，那么小米盒子又为什么而诞生，有什么特点呢？

　　雷军在被问及小米盒子的构想时说道："五六年前我就认为，手机会替代电脑成为最常用的终端，电视是手机的显示器，手机是电视的播控器。小米盒子就是实现这个构想最重要的纽带，是最重要的手机配件。"雷军口中作为重要的手机配件的小米盒子采用安卓 4.0 系统，最高支持 1080P 高清输出，公开售价 399 元，工程机预约价 299 元。通过小米盒子用户可以分享各种互联网内容，包括视频、图片、音乐等，同时可将各种设备，比如手机、Pad、PC 与电视互联。

小米盒子的发布会没有像小米手机的发布一样大张旗鼓，而是被安排在小米总部的一间会议室。雷军没有准备投影仪、电脑和数据线，只是把PPT的内容存在手机里面，然后通过小米盒子将PPT连接到电视上演示。

雷军向参加发布会的媒体介绍道，小米盒子第一个功能是将手机、Pad、PC等终端通过WiFi将视频等投射到电视屏幕上，并配置了单独的遥控器，已支持安卓4.2等多种无线协议；第二个功能是可以在电视上免费看视频节目，目前已与搜狐视频、腾讯视频、华数TV和迅雷等十多家互联网公司达成了授权协议，电影、电视连续剧等片源库超过10万部；第三个功能是小米盒子SDK完全开放，支持应用开发者为小米盒子开发视频、游戏等各种应用。

和小米盒子一起亮相的还有一家新公司多看科技。雷军在会上宣布小米全资收购多看科技，原CEO王川已成为小米科技第八位联合创始人。之所以这个时候宣布收购多看，是因为多看公司才是小米盒子真正的幕后开发团队。

被收购的多看科技成为小米旗下单独业务部门，开发小米盒子、小米电视及未来的多看电子书（不排除小米Pad的可能）等产品，而且肩负小米旗下产品内容（包括文字、音乐、视频）运营的重任。多看科技开发的精品阅读器是Kindle上除自带系统外运行最好的阅读系统，更因为其拥有大量精品中文电子书资源而广受消费者喜爱。多看精品阅读器作为移动APP应用在iOS、安卓等系统的中文电子阅读器下载排名中也处于领先地位。

以雷军一向善于布局的战略眼光，推出小米盒子决不是无的放矢。雷军的小米产品战略逐步浮出水面：以小米手机为中心，向电视、机顶盒，未来则是阅读器等更多硬件延伸，以小米电商为硬件销售渠道，通过各种硬件整合视频、图片、音乐等互联网服务，以及电商、游戏等互联网应用，构造"小米生态链"。

小米手机一直被认为是山寨苹果，雷军丝毫不以为意，这一次的小米盒子在功能上也和苹果Apple TV颇多类似。不过问题是苹果的Apple TV并没有获得多少认可，以至于苹果CEO蒂姆·库克后来笑称Apple TV只是苹果的"业余爱好"。Apple TV 的问题不在于技术，而在于对视频内容的整合难度太大，它要面对的不是以前做 iPod 时的唱片公司，而是众多影视节目制作、发行及播出机构，这里面牵扯的版权问题复杂，利益纠葛。而且即使这些问题都解决了，观众也不一定买账，并不是所有人都想用电视看网络上的节目内容。

小米盒子的推出，面临同样的问题，因为中国对网络电视业务的管理权在广电总局，广电总局只对 7 家公司（CNTV、百视通、湖南广电、华数、南方传媒、中国国际广播电台、中央人民广播电台）颁发了互联网电视牌照，那么其他人若要发展相关业务，只能和这 7 家公司合作。小米这次虽然和各视频网站签了协议，版权上的问题解决了，但是政策的因素并没有解决，面对广电总局的监管，想打擦边球是不行的。结果小米盒子推出运行一周时间，就被广电总局叫停。雷军不得不重新正视这个问题，以解决当前遇到的危机。经过一番周折之后，雷军终于与 CNTV 旗下的未来电视签订了协议，小米科技只作为小米盒子的生产方，而播出的节目内容全部由未来电视方面负责。协议签订之后，广电总局允许小米盒子全部内容接入中国互联网电视集成播控平台，但是包括节目集成与播控、EPG 管理系统、客户端管理系统、用户管理系统、计费认证系统等将全部由未来电视（ICNTV）负责管理。而且只允许小米盒子在上海、杭州、长沙 3 个试点地区销售。

面对如此苛刻的条件雷军还是坚持了下来，因为他相信小米盒子总有能够光明正大销售的一天，只有率先积累人气以及让广电总局逐步接受小米，才有可能在未来的竞争中占据有利地位。2013 年 3 月 19 日，小米盒子面向试点城市正式官网发售，首批一万台小米盒子在几分钟内全部售罄。2013 年 3 月 26 日，第二批一万台小米盒子再次全部售罄。2013 年 9 月 17 日，性能全面升级后的 20 万台新小米盒子在小米官网开始销售。

所谓"随风潜入夜，润物细无声"，小米盒子正在逐步走进用户的生活，并将慢慢改变人们的观念。雷军所预言的"手机会替代电脑成为最常用的终端，电视是手机的显示器，手机是电视的播控器"正在一步步成为现实。

小米的铁人三项：
最快的优化就是博采众长

　　小米手机发布之后，雷军开始被外界称为"雷布斯"，小米也被认为是最有"苹果"气质的产品。然而，雷军并不满足于成为"乔布斯第二"，他觉得小米和苹果是不同的。

　　面对外界对小米模式的困惑，雷军曾这样解释："小米模式，相当于苹果、谷歌加亚马逊。"他认为，苹果之所以做得如此成功，很大程度上是因为苹果的软件、硬件以及体验都做得很出色，而谷歌和亚马逊的成功是因为互联网。

　　受此三大成功企业的启发，雷军觉得最好的模式应该是集合这三者的优点。因此，他希望小米能够集"软件 + 硬件 + 互联网"的"铁人三项"为一身，只有这样，小米手机才能将整体的用户体验做到最优化。

　　其实，早在小米创立之初，雷军就向他的团队提出自己的理念：小米要同时涉足硬件、操作系统、互联网应用 3 个层面，要将小米做成一家"铁人三项"的公司。于是，这才有了 7 个创始人分别来自软件、硬件、互联网领域的著名企业微软、谷歌和摩托罗拉这 3 家公司，甚至一半以上的研发队伍都是来自这 3 家公司的豪华阵容。

　　酷爱玩手机的雷军也曾经将苹果和微软、谷歌、摩托罗拉这 3 家的手机作了一个对比，他发现，苹果就是将后 3 家公司的优势融合了起来。尽管后 3 家公司在某一方面是超过苹果的，但是综合起来它们被苹果远远地甩在了后面。

于是，雷军得出一个结论：在移动互联网时代，要想成功创办一家企业，就要做到软件、硬件和移动互联网 3 种资源的高度匹配。而雷军要做的是一款集中苹果所有优点并且弥补苹果弱点的高性能手机。这是雷军最初的想法。

最开始，雷军并没有找到占领手机阵地的切入点。小米团队做了一个小产品叫"小米司机"，用户可以用它查询违章记录。但是，这个小产品推出以后，用户体验不尽如人意——如果没有违章，用户查不到任何纪录；而若是查到违章，用户又极其郁闷。后来，小米团队又做了不少小产品，但是都不能为小米手机进入市场找到缺口。

为此，雷军不断寻找着契机。后来，一款手机通讯录社交软件 Kik 的出现给雷军带来了灵感，但是，另一个想法让他有些犹豫，他觉得自己这样做有抄袭的嫌疑，这样一来就违背了自主创新的原则。但很快他就将这种想法归零了，微创新也是创新。于是，雷军决定模仿 Kik 做一款即时通讯软件。

2010 年 11 月 6 日，雷军决定做米聊，12 月 23 日米聊发布。2011 年 1 月，腾讯迅速跟进，推出微信。上线半年，米聊的注册用户达到 400 多万，虽然只是同时期微信注册用户的 1/3，但米聊的问世很快成了小米的先锋，成为小米重点打造的互联网产品。

对比 Kik 和米聊的生存环境，雷军发现国内的短信资费比国外低，还有飞信这样的产品，这样一来，米聊如果变成和短信一样的东西就没戏了。于是，他又将米聊的定位改成一种用来闲聊的工具。但这和 QQ 狭路相逢，很多用户已经将熟人链接都转移到 QQ 上，并且腾讯已经将这个又顺延到手机上，这样一来，米聊就没有了竞争性。

不过雷军又发现了 QQ 的一个缺陷：必须双方都在线，QQ 才能发挥作用。于是，雷军就将这个当成突破点，把米聊变成这样一种通信工具：和通讯录紧密相连，换号之后不用群发信息告知，别人一样能在上面找到你，发短信打电话不受任何影响。

　　于是，米聊渐渐地实现了和 QQ 一样的功能，并且会从开心网或人人网导入个人资料和好友关系，制作自己的名片——这些实名制的社区通常有用户的姓名、照片、工作单位或者学校。如此一来，米聊就相当于一个实名制的数据库，实现了好友推送"你可能认识的人"，也就是通讯录中有你的手机号，但你可能已经丢了他号码的朋友。用户还可以根据米聊号、用户名、学校、单位等信息进行查询。

　　作为微博的活跃用户，雷军又从微博上面得到了启示：因为微博上的内容人人都能看到，所以发微博的人心理上是有压力的。他想，如果米聊能解除这样的压力就好了。在这种想法的驱动下，米聊的广播变成只针对封闭链接的好友，可以随心所欲地记录生活琐事。如果用户看到好友转发了别人的消息，还可以点过去看那人的名片，再决定要不要添加好友。

　　在 200 万注册用户中，有 60%~70% 的使用者是年轻人，用户群体正从 IT 圈向学生族群发展。米聊最活跃的使用时期是中午的 10~12 点，以及晚上的 10~12 点。渐渐的，雷军从米聊用户的统计数据中总结出一条规律：用户的使用需求并不是以通讯需求为主，更多的是娱乐需求。这个时候，雷军对于米聊的定位开始明朗化了。他想起了 Facebook，一个奇妙的设想在他的脑海中形成，若是在小米上安装这样一个软件，那该是多么完美的组合！

　　于是，米聊渐渐地发展成一个类似于 Facebook 的产品：依靠手机通讯录的关系建立米聊 ID，而后围绕这个 ID 捆绑更多的社交产品。米聊的"好友"也采用双向认证机制，这就能足够地保证用户的隐私性，为用户自由的聊天氛围提供保障。

而"广播"则是公共墙，未来或采用单向关系往微博方向转变，并支持图片分享。用户在填写"名片"后，系统将根据名片中的关键词自动推荐与用户匹配的好友。随后，米聊与小米科技旗下产品基于 Android 的手机操作系统 MIUI 进行了完美的整合。

这样，一个类似于 Facebook 的产品"米聊"就在具有"铁人三项"基因的小米手机上扎根落户了。截止到 2013 年 12 月雷军获得"中国年度经济人物奖"时，MIUI 操作系统已超 2500 万用户，米聊用户数达到 4000 万。

但是，雷军认为，小米并不是简单地将"软件 + 硬件 + 互联网"累加起来。他说："互联网行业的规律：击败雅虎的不是另外一个雅虎，是谷歌；击败谷歌的是 Facebook。做中国的苹果根本没戏，再看长久一些，你一定会发现小米和苹果走了完全不同的道路。"

而且，小米还具备互联网企业应具备的开放心态。对于平台之争，黎万强曾向媒体公开说："小米自己做米聊，和腾讯的微信算是竞品。但小米在做社会化营销合作时，我们依然会投入地与腾讯旗下微信、QQ 空间合作，甚至红米的首发都放到了 QQ 空间上。"

正如雷军所说，小米在"铁人三项"这个领域的确是遥遥领先的。可以从 3 个方面来分析：第一是中国互联网的发展已趋向成熟，甚至已经出现了腾讯、阿里巴巴等国际性的互联网公司，这为小米具备互联网基因和在网上销售手机奠定了一定的基础；第二是小米手机踏准了一个非常好的时间点，正是智能手机高速发展的时候，这甚至是这个阶段创业最大的风口，小米赶上了，而且小米主打的高端智能手机比同行先走了一两年，已经具备时间上的领先优势；第三是"铁人三项"要做到软件的文化、硬件的文化和互联网的文化的融合，这 3 种文化的冲突很严重，要想在一个公司里面把这 3 种文化融合，产生一种新的"铁人三项"，是一件非常难的事情。

因此，如果别的同行也想模仿小米的这种"铁人三项"模式，就不仅是时机和实力的问题，事实上在全球这么做的公司也不多。反过来说，如果这种方式容易，从苹果开始做"铁人三项"以来已有 5 年时间，小米发布也已经 2 年多，现在整个手机市场应该就全是"铁人三项"了。

当然，雷军也曾多次强调，"铁人三项"的标准中，软件、硬件和移动互联网这 3 种资源的高度匹配是小米当下最大的优势，虽然从目前来看小米公司已经具备了这 3 种因素，但究竟是不是真正的"铁人三项"还需要时间的检验。

雷军将小米手机的模式总结为："第一，"铁人三项"——软件、硬件、互联网；第二，我们认为手机会替代 PC，所以我们要向这个目标先行一步；第三，我们要最大限度地利用互联网。"

到 2012 年，小米跨出了一大步之后，雷军心里踏实了下来。他相信在未来不久，通过互联网思维做手机，不管是在软件、硬件还是在用户体验上，小米手机可以凭借坚持不断的快速改进最终超越苹果的 iPhone，带给用户最完美的体验。

构建泛投资圈：
双赢是永恒的生存之道

当年金山公司将卓越网以 7500 万美元出售给亚马逊，雷军个人因为持有大量卓越股份而一下资产倍增。后来圈里的朋友想在互联网行业创业，都找雷军投资。从 2006 年投资 UC 开始，先后投资了凡客、多玩 YY、拉卡拉、乐淘等 20 多家互联网创业公司，雷军这个资本圈的门外汉渐渐成为资深的天使投资人。

雷军早期的投资，都是个人直接以天使投资的形式投资，那个时候也没有什么考察，雷军认为投资就是投人，只要人值得相信他就投资。而且大多数投得也不多，一般是 200 万元，多在创业初期投资。

本着帮忙不添乱的原则，他基本上是只负责出钱或者在旁边支支招，并不要求被投资人都听他的意见，因为他觉得创业者要有自己的想法、坚持自己的道路才能成功。当然这其中也不乏非要让雷军当董事长支持企业发展的，但是大多数情况雷军都不介入公司的具体业务。

可就是这些并不太在意的无心插柳般投资的公司，反倒一个个成了气候。雷军投资的企业成功率高达 90%，这样比例让业界也是大吃一惊。

后来，雷军自己创业做小米手机，自己既是董事长又是创始人，每周 6×12 小时地工作，很难抽出时间来管理投资的事情。后来，雷军又耐不住求伯君相请，重回金山担任董事长一职，肩上担子更重，个人时间更少。

与之相对的是雷军的个人资产不断地升值，精力却没有办法更多地放在投资方面，于是他就有了找一个专业团队来管理自己投资的想法。

个人投资基金在国外非常成熟，在国内也早有先例，比如徐小平的真格天使基金，蔡文胜设立的 4399 创业园，周鸿祎则联合红杉中国沈南鹏、高原资本涂鸿川设立"免费软件起飞计划"，等等。

既然有章可循，雷军心里便有了数，经过一番筹划之后，2011 年雷军和许达来顺势发起设立顺为中国互联网基金。雷军阐述顺为基金的名称意义时说，"顺为基金的意思就是顺势而为。我觉得打通金融渠道，用金融杠杆来帮助创业，是一个非常重要的事情"。

许达来是雷军的合伙人，也是顺为基金的 CEO。他曾经在 C.V.Starr、新加坡政府直接投资公司（GIC）、美国国际集团（AIG）及德意志银行等多家国际知名投资机构担任管理职位，可以说是科班出身的专业投资人。雷军选择他做合作伙伴，很明显是想让顺为基金更加专业，更加正规，也更容易与国际接轨。

要说两人如何相识倒也十分简单，因为许达来在 GIC 供职期间曾经作为投资方的代表担任金山的非执行董事。雷军与许达来十分熟悉，并且对他的专业素养十分认可。后来雷军辞职做天使投资人，许达来也于 2008 年辞去非执行董事职位，然后又在几家投资公司任职。雷军曾经多次就投资事务向许达来请教，两人保持了非常好的个人关系。

雷军和许达来合伙成立了顺为中国互联网基金，这是一美元风险投资基金，第一期管理资金规模 2.25 亿美元，出资人来自国际顶级投资机构，包括国际知名主权基金、家族基金及大学基金会等。

从顺为基金的名字中"互联网"一词就可以看出，它的主要投资方向集中在互联网企业方面。顺为基金重点关注中国互联网相关行业，投资方向包括但不限于移动互联网、电子商务、社交网络平台等，主要投资目标为初创期及成长期的优质创业公司。

谈到顺为基金的成立，雷军曾经说，"我需要专业的团队帮我管理我的投资，很多投资者也希望我来帮他们管钱，我所投的项目在成长的过程中也需要融资，顺为的一些有限合伙人直接、间接地投过我的项目，他们也一直希望我成立一个基金来帮他们管钱"。由此可见，顺为基金的成立是雷军和有限合伙人之间的双向需求。

雷军还说过，"我做小米之前已经投过那么多企业，现在一共加起来有 20 多家，顺为是帮我管理投资的，不是让我多一件事，是让我少一件事"。

雷军和许达来的合作十分默契，雷军作为董事长把握大方向，对于选择投资的公司，他有一票决定权。许达来这个专业人士做 CEO，掌握技术层面的各项具体工作：如何评估，如何做风险分析，如何计算企业估值，投入多少资金最为合适等等。

顺为基金分别于 2011 年 12 月、2012 年 6 月两次投资小米科技，2012 年顺为基金还分别对"雷军系"的乐淘、耶客、YY 等进行了风险投资。由于投的都是"雷军系"相关的企业，而且大部分雷军都已经投资过，所以顺为基金的这些投资主要是跟投。

雷军虽说顺为是为了让他少一件事，不过这可不代表雷军会做甩手掌柜，在项目选择上，雷军的决策往往起到了主要的作用。顺为基金主要投资阶段为 A 轮和 B 轮，这就需要对互联网企业有充分的了解，能够充分看到企业的潜力，而又不至于盲目投资犯下大错，从这方面来说，没有谁比雷军更加专业的了。

比如顺为基金在 A 轮投资教育软件宝宝巴士、在线教育网站一起作业，在 B 轮投资医疗健康网站丁香园、手势识别摄像头 Pebbles 等等，很多项目顺为基金能放心大胆地投放，就是因为雷军的专业性、前瞻性以及对创业者的把握，可以说没有雷军，顺为基金很难在互联网行业投资中取胜。

雷军做天使投资时 90% 的创业者都成功了，关键就在上面几点。

自从小米创业、顺为基金创立之后，雷军辞掉了多家公司的董事长或者董事的职位，除了他感情最深的金山，剩下的企业全都没有时间去操心了。他强调现在主要精力全部放在顺为基金和小米科技两方面，而雷军的商业构想正因为这两方面的工作而显得十分清晰——一边通过小米构建产业生态圈，一边通过顺为基金构建资本投资圈，资本为产业输血，雷军通过一枚枚棋子成功地构造了一个"雷军式"的产融通路。

第九章

远视才有发展：要做世界的小米！

良好的服务，卓越的性能，这些都是通行
世界的语言。这是小米的内在美，也是小
米的通行证。

现实的征途却是艰辛异常，光脚走在满是石子的路上，请挺起你的胸膛，再艰难也要学会让笑脸轻扬。

雨果·巴拉的跳槽：
年轻人不要太追求安逸

　　小米的创业团队中，雷军曾是金山的 CEO，也是国产软件业的元老；林斌曾任谷歌中国工程研究院副院长；周光平曾是摩托罗拉北京研发中心高级总监；黄江吉曾是微软中国工程院开发总监……光是这些人就足以组成一个国际会议了。这些人虽然多有跨国公司的工作背景，可是他们都有一个问题——多是技术出身，并不真正熟悉欧美市场。

　　小米若想国际化，那么必须招募国际化的人才。这件事情原本还很困扰雷军，但是正所谓踏破铁鞋无觅处，得来全不费工夫，2013 年 8 月 29 日，谷歌安卓副总裁雨果·巴拉宣布离职，并且将加盟中国智能手机厂商小米，负责国际业务。

　　这个新闻对小米来说有多么振奋人心，看看雨果·巴拉离职给谷歌造成的影响就知道了。2013 年 3 月，谷歌宣布安卓之父鲁宾离开安卓部门，引发了谷歌的人事地震。鲁宾离开之后，巴拉是谷歌安卓部门最重要的负责人之一。结果短短 5 个月之后，巴拉也选择了离职，这就不得不让外界对谷歌的内部矛盾及管理问题产生了许多猜测。

　　雨果·巴拉出生于巴西，毕业于美国麻省理工大学，通晓英语、法语、葡萄牙语、西班牙语四国语言。在 2000 年左右，巴拉加入 LOBBY7 公司，担任业务发展副总裁。2004 年 Nuance Communications（全球最大的语音识别软件公司）收购了 LOBBY7，自此巴拉进入新公司，因为工作能力出众受到公司 CEO 的赏识，先后负责产品管理、产品市场、业务发展 3 块业务。

2008 年 3 月，巴拉正式加盟了著名的互联网公司谷歌。巴拉入职是在英国伦敦的分公司，负责移动产品的研发，担任移动产品总监的职务。

2010 年 10 月份后巴拉回到谷歌总部，担任安卓产品管理总监，经过 3 年多的努力终于做到了安卓全球产品管理副总裁。在这 3 年年先后负责过的产品包括移动搜索、谷歌地图移动版、语音搜索、垂直搜索、移动广告、安卓 4.0 的技术研发等。

但是，巴拉最得意的是谷歌的 Nexus 系列产品的研发。2010 年 1 月，谷歌的第一款手机 Nexus One 正式发布，Nexus One 由 HTC 代工，当时负责产品发布的是谷歌安卓的总裁罗宾。巴拉进入安卓团队之后，负责的第一个 Nexus 产品是由三星代工的三星 Nexus S，之后谷歌又推出了三星 Galaxy Nexus，算是 Nexus 手机的第三代产品。再后来在巴拉的带领下，谷歌推出了由 LG 代工的 Nexus 4 和 Nexus 5。巴拉带领团队所研发的 Nexus 系列产品为谷歌生态与产品的确立与推广立下了汗马功劳，Nexus 的出现为其他手机厂商做出示范和标杆。

在谷歌 Nexus 手机大获成功之后，巴拉主持了 Nexus 平板电脑的研发和发售。Nexus 7 平板电脑由谷歌和华硕共同打造，运行最新发布的安卓 4.1 操作系统，配备分辨率 1280×800 的 7 寸屏幕。Nexus 7 平板电脑是专门为谷歌娱乐平台（原来的安卓市场）打造的，在娱乐和阅读体验方面都将达到最好的效果。在经典的 Nexus 7 之后，巴拉后来还主持了与三星合作的 Nexus 10 平板电脑。

巴拉作为谷歌的安卓副总裁可不仅仅是只知道做产品的技术达人，他曾经频繁出现在各种发布会与 I/O 开发者大会，无论是大谈产品特性、对移动产品的设计理解，还是对涉及未来产品方面的构想，都在安卓粉丝和安卓开发人群中赚足了人气。在 FaceBook 上甚至还有巴拉的个人粉丝团账号，可以说巴拉的形象在安卓的粉丝心中是十分高大的。

但是就这样一个人，竟然在没有任何征兆的情况下，突然宣布辞职，并且加盟一个远在中国的不知名的手机企业，倒是让谷歌的高层大跌眼镜，也让巴拉的粉丝迷惑不解。

那么小米是靠什么吸引巴拉，巴拉又是为了什么放弃美国的工作机会，而选择漂洋过海来到中国的呢？

坊间虽然有传闻说，巴拉的前女友和谷歌的创始人谢尔盖·布林的恋爱关系是巴拉离职的诱因，但是，这个猜测不值一驳。巴拉作为安卓全球产品管理副总裁，在关系个人发展前途的事情上肯定不会如此草率。而媒体对巴拉的采访也证实了这一点，巴拉说，这次看似突然的跳槽，实际上已经酝酿了一年多的时间。

2008年巴拉加盟谷歌之后的第二天，就飞到北京参加了一个峰会。在这次会议上，他认识了时任谷歌中国工程研究院副院长的林斌，之后两个人保持着非常好的工作和私人关系。

当林斌从谷歌辞职与雷军等人一起创立小米的时候，巴拉也成为安卓之父鲁宾的得力助手，并负责安卓产品特别是谷歌手机的研发和推广。由于小米采用的是定制版安卓，巴拉对此一直非常感兴趣，而且因为私人关系经常到中国和小米的创始人会面，并且还把小米手机带回去给谷歌的安卓团队看。而安卓的设计主管马蒂亚斯·杜阿特更是对小米的定制安卓系统赞不绝口。这倒是给巴拉留下了非常深刻的印象，巴拉知道小米做的是一件对的事情。

2012年夏天，小米2S大卖，小米总裁林斌这时候开始考虑如何拓展小米的国际业务。在他认识的许多人中，巴拉无疑是最合适的人选之一。双方的非正式会谈持续了6个多月，在林斌试图说服巴拉的同时，巴拉自己也在做着反复的衡量。

他原本在谷歌工作很开心，并没有想过跳槽。而且谷歌是全球最伟大的互联网公司之一，市值超过 3000 亿美元，仅次于苹果排名第二。作为职业经理人能做到谷歌安卓全球产品管理副总裁，在职业生涯之中也算是将要到达顶峰的位置。从常人的角度来看，巴拉没有离开谷歌的理由，但是巴拉心动了，因为他内心深处曾有创业的渴望。他梦想能白手起家建立一家可以与谷歌媲美的全球科技公司，而小米具备这样的潜力。

这时候的小米虽然市值只有 40 亿美元，不到谷歌的 1/70，但是小米科技在短短两年的发展中给了外界太多的想象不到和太多的惊喜。小米决不是一个重复苹果或者模仿亚马逊的公司，小米就是小米，正在一点点打造它的移动互联网帝国，如果错过了这个与之共同创业的机会，巴拉可能会后悔。

还有一个现实的原因是，谷歌早已经上市，不可能再通过上市或其他途径实现财富的迅速增值，巴拉在谷歌表现得再出色也不过是一个高级的职业经理人，但是如果加盟小米，则可以获得相当可观的管理层股份，如果未来小米上市（雷军的目标至少是千亿美元的企业），那么巴拉能获得的回报是不可估量的。

最后巴拉爽快地答应了小米管理层的邀请，于 2013 年出任小米的全球副总裁，负责小米的国际业务拓展。

巴拉加盟之前，小米刚刚获得最新一轮融资，市值一下达到 100 亿美元，而这距离小米的成立才仅仅 3 年时间，可见小米的巨大成长潜力。巴拉听到这个消息，一定更加庆幸自己的正确选择。

巴拉担任小米的全球副总裁，对市场也有充分的估量，他认为"现阶段小米的竞争优势在印度、俄罗斯、印度尼西亚、拉丁美洲和泰国等市场尤为明显。但小米也必须在美国和欧洲这样的'趋势流行市场'占有一席之地"。而这些都将是巴拉下一个阶段的主要工作。

巴拉表示："小米公司创始人的梦想是，小米最终将发展成为一家中国的全球性企业。如果我能够不辱使命，几年以后全世界都会像谈论现在的谷歌和苹果一样谈论小米公司。"

台湾市场的考试：
实力都是检验出来的

  2013 年 4 月 24 日，在中国大陆市场创造传奇的小米手机正式进军中国台湾，受到台媒与"米粉"们的热捧。小米科技 CEO 雷军在台北记者会上表示，"我们到台湾，不是卖手机，而是来考试，向 HTC 等世界级同行学习。我们想用几年时间证明，台湾用户能认可大陆产品"。

  雷军之所以这么说，可不仅仅是客套这么简单，因为台湾市场是非常成熟的手机市场。而且台湾有 HTC 这样的知名手机生产企业，还有台积电这样的芯片企业，以及富士康、英华达这样的手机代工企业。而且小米手机就是由富士康和英华达代工生产的。

  如果是几年前，小米若想进入台湾，绝对是班门弄斧。但是这几年，中国大陆的手机行业发展迅速，特别是智能手机方面已经有超过台湾的势头，比如华为、中兴智能手机在全球的份额都已经超过了 HTC。

  台湾的手机行业发展有着自己的特点，也就是所谓的台湾模式，就是台湾的手机行业多以手机设计公司和 ODM（原始设计制造商）为主导产业，它们将为全球 TOP5 或者中国的 TOP3 手机厂商设计方案，甚至提供贴牌的整机。这些设计公司或者 ODM 偶尔也会打上自己的牌子销售一些产品，但是支撑业务则是"设计与制造"，而不是品牌。

  比如我们所熟知的 HTC 品牌，就是代工起家。HTC（宏达国际电子股份有限公司，简称宏达电）成立于 1997 年，初期以光盘驱动器芯片为主要产品，其后发展了手机及数字电视芯片。由于是代工，所以一开始 HTC 并没有成为一个独立品牌而为广大消费者所知。

HTC 开始关注自主品牌，是从 2006 年开始，主要得益于智能手机行业的迅猛发展。首先选中 HTC 代工手机的是微软，短短几年时间 HTC 成为全球最大的 Windows mobile 智能手机代工厂商，垄断了 80% 的市场份额，为欧美各大电信运营商供给代工智能手机业务，包含从设计到生产的全系列服务，不过这些手机并不贴 HTC 的牌子。

真正让 HTC 的品牌进入普通消费者视野的，还是安卓系统。世界上最早使用安卓系统的智能手机，是 HTC 为 t-mobile（德国电信子公司）生产的 HTC Dream（G1），而谷歌推出的第一台智能手机谷歌 Nexus One（G5）也是由 HTC 代工的。由于安卓系统大行其道，越来越多的厂家开始让 HTC 代工生产手机，包括国内联通、移动等运营商也会下订单让 HTC 代工定制版的手机。既然市场上有这么多机会，HTC 自然不愿意放着钱不挣，而且它又明显比其他企业拥有优势，所以 HTC 决定发布自主品牌的智能手机。

2009 年 6 月，HTC 终于不再为他人作嫁衣，以自己的品牌推出了第三代搭载安卓的机型 HTC Hero（G3）。Hero 一经推出就受到了如同英雄般的赞扬和关注，同时从 Hero 开始，在以后 HTC 所推出的安卓机型都加入了 HTC 自主的 Sense 用户界面，显示效果和实用效果都极为出色。之后 HTC 相继推出了 HTC Tattoo（G4），HTC Legend（G6），HTC Desire（G7），HTC Wildfire（G8）。

2011 年受益于安卓系统智能手机的热销，HTC 的市值超过诺基亚和 RIM，达到 338.8 亿美元，仅次于苹果、三星，名列第三。如果 HTC 能够一直顺着这个势头发展下去，那么 HTC 很可能是下一个三星。

相对于 HTC 而言，小米成立于 2011 年，时间短暂。不管是企业规模、公司实力、技术条件等各方面都与 HTC 这样的企业有巨大的差距，所以说小米到台湾不是卖手机，而是考试，绝非雷军谦虚客套，而是他真实的想法。

不过雷军敢来开拓台湾市场，自然也不会妄自菲薄，小米比起 HTC 有自身的优势。比如小米有最新最高级的硬件配置以及超高的性价比；小米的深度优化的安卓系统——MIUI 系统，每周更新，这是其他任何企业都无法模仿的；小米通过电子商务的形式网络销售，而且有大量的米粉和发烧友，所以小米新机型只要上市，马上就会销售一空，而台湾也有大量的"米粉"。

这次小米进军台湾，与台湾第三大电信大亨远传电信展开合作。雷军在小米手机台湾媒体见面会上说，他对于手机在台销售是零预期，内部也不在乎市占率，只在乎用户看到产品后会不会尖叫，会不会推荐给其他亲友。话说得漂亮，但是他自己当然希望小米在台湾能够大卖，所以心中也是很紧张。

见面会之后远传电信负责预售小米 2S 手机，该手机在台零售价为 9499 元新台币（约合 1966 元人民币）。没有想到甫一上市，首批预购的机器就被抢购一空，算是博了一个开门红的好彩头。

不过小米能不能在台湾站住脚，还要费一番周折才能知道结果，只是台湾市场上苹果、三星、HTC 占据了前三名的位置，小米若想占据一席之地，必须做到产品过硬，营销够棒。

2013 年第二季度，在国内市场，小米手机的份额已经超过了苹果，那么在台湾小米的发展又会怎样呢？只能拭目以待了。

小米向台湾的手机企业学习，特别是 HTC 学习，可不仅仅只是学习成功的经验，失败的教训也要吸取。HTC 最大的问题在于做品牌太晚了，因为多年为别人代工做手机，代工企业的品牌形象定位在消费者眼中一时难以更改。而且 HTC 推出的几款产品并没有成为主流的产品，在市场上销量有限。

短暂的辉煌之后，2013 年 HTC 的市值跌到了 38 亿美元。相对于 HTC 的市值大幅缩水，诺基亚以 72 亿美元卖给了微软，倒是原本名不见经传的小米在 2013 年市值达到 100 亿美元，引起各方瞩目。小米这个手机新丁，如何能够赶上那些发展了几十年、十几年的大企业，关键还是在于小米从别人那里吸取了教训，少走了许多弯路。

这次小米开拓台湾市场能否成功，对小米未来的战略十分重要。因为中国台湾和中国香港是小米国际化的第一步，这第一步走稳了，才能继续开拓东南亚市场。然后进军日本、韩国这样的消费电子大国，在亚洲市场占据优势地位。之后打开巴西等南美国家的市场，从而迂回进入美国市场。

如果不能成功地实现国际化，那么小米很难成长为一个真正的国际品牌。而相比于三星一个标准走遍世界，小米的国际化将更具难度，它将为每一个市场做本土化的系统服务，这对小米绝对是一个大的考验。

5年内不上市：
韬光养晦，只求一步到位

2012年6月，小米公司完成第三轮2.16亿美元融资，作价40亿美元。雷军在接受媒体采访时说，小米在5年之内不会上市，投资者同意则投资。对于小米40亿美元估值是如何得出，雷军表示，小米是一家互联网公司，互联网公司作价是非常难的问题，核心是投资者的预期。"投资者投小米，赌的是小米能不能做成百亿美元公司，赌的是我做得到。"之前有投资者认为小米只是一家硬件公司，但是雷军认为小米具备电商公司的销售额、用户量、物流体系，而且有"赚外快"的机会，即卖配件。

雷军既然说小米5年之内不上市，就是说他对小米的发展已经有了充分的准备，拟订了战略规划。第一阶段的目标，自然是冲击100亿美元市值。但是这一天来得比雷军预料的早得多，2013年8月小米获得第四轮融资，小米市值达到100亿美元。

2013年上半年小米共售出703万台手机，上半年营收已经超过2012年全年达到132.7亿人民币，同比增长近140%。而在之前的互联网大会上，雷军预计小米2013年营收将达280亿元人民币。

小米第二阶段的目标是什么，雷军并没有在公开场合明确表示过，但是从2013年半年增长了140%来看，雷军的野心显然比这个增长速度要大得多。他的目标是在2015年，实现1000亿元人民币的销售额，如果这样的话增长比将达到 350%。

那么，这个增长如何实现呢？

如果不考虑其他渠道的收入，仅仅按卖手机来计算，小米一年要销售出 5000 万台手机。2012 年中国市场智能手机销量 2.24 亿部，2013 年超过 3 亿，已经是世界上智能手机销量最大的国家。考虑到人口基数和智能手机使用情况，预计到 2015 年，最理想的状况中国市场智能手机销量为 4 亿部，那么小米至少要占到 12.5% 的份额。但 2012 年，小米只占 3.2% 的份额。

从这个角度来看，如果仅仅发展国内市场，那么这个销量目标短期之内很难实现。所以雷军不得不考虑进军全球市场，向国际化突围。"今年（2013 年）是小米国际化的第一年，我们开始逐步试点，希望全球的'米粉'都支持小米国际化的进步。"雷军说。

另一方面 2012 年全球手机销量 17.9 亿部，其中智能手机占 55%。2012 年全球手机销量排名中，三星第一，出货量 2.13 亿台；苹果第二，出货量是 1.94 亿台。这两个企业的销量都是在全球市场获得的，不管是韩国还是美国，其本土都不足以支撑这么大的销量。从这个角度来看，即使只是抱着向前辈学习的精神，小米也应该走出国门。

由此可见，雷军提出小米走向世界，不是好大喜功，也不是哗众取宠，而是实实在在的发展需要。那么小米具不具备走向世界的条件呢？

小米的优势，首先是硬件过硬。最新的小米 3 采用了全球首发的 NVIDIA Tegra 4 和高通骁龙 800 最新版 8974AB 顶级四核处理器，采用超灵敏触控 5 英寸 1080p 显示屏，搭载 3050mAh 锂离子聚合物电池，索尼 1300 万像素相机，飞利浦双 LED 闪光灯，标配 NFC 及双频 WiFi，拥有 8.1 毫米超薄机身。

其次是性价比高，小米 3 的售价仅为 1999 元人民币，合 328 美元，这个价位比起 iPhone5（16G）的 649 美元，三星 Galaxy Note 3 的 699 美元，有足够的吸引力。当然，光靠质量好和性价比高还不足以实现国际化，小米若想国际化还要克服很多不足之处：

第一，小米在国内的品牌知名度非常高，但是在国际上就差太远了，人们也只是在这一两年才知道小米，不用说和三星、苹果比，即使与 HTC 华为相比，其国际知名度也差距较大。所以小米要想走出去，必须在国际上树立自己的品牌，而这个过程不是一天两天，一年两年就能实现的，若是 10 年能树立起自己的品牌也足以令小米的管理层高兴了。要知道，中国那些走出去的企业，比如收购了 IBM 的联想，以及在世界市场布局多年的海尔，其品牌知名度也远比其他国际品牌低很多。

第二，这两年小米发展迅速，由于投资者的青睐，小米的市值逐年暴增。除了小米的发烧友和 1000 多万用户，已经有越来越多的人开始关注小米，但是大部分人心中，"小米还是抄袭苹果的山寨机"。如何摆脱山寨机的名声，如何靠品质和独特性成为一个独立的品牌，从而可以与苹果、三星在同一个平台上面竞争，这些是小米必须解决的问题。

第三，小米缺少具有专利的独家技术手段，很难和三星、苹果这样的企业竞争。从苹果和三星的专利诉讼之争来看，专利的重要性自不待言。截止到 2013 年，小米申请的专利数量只有 300 多项，而且多为外观专利，核心技术专利比较缺乏。

由此可见小米的国际化不仅仅是将产品销售到国外去那么简单。小米的国际化应有以下几个方面：

首先是产品的国际化。产品的国际化就是产品符合国际的标准，而且要有区别于苹果 iPhone 和三星 Galaxy 的独特特质。

其次是品牌的国际化。小米在国内树立了其年轻、个性的品牌文化，但是如果进入国际市场，小米将以什么样的品牌定位出现，面对什么样的人群，采取什么样的策略这都是需要认真考虑的问题。

再者是企业文化，企业管理的国际化。联想收购 IBM，最大收获不是 Thinkpad 这个牌子，而是 IBM 作为跨国公司的经营管理方式；最大的挑战不是如何用产品占领欧美市场，而是如何与跨国公司的高管和雇员共同打造联想团队。从这个角度来说，小米的国际化还没有真正开始面临挑战。

但是必须得说，这 5 年是最好的时间，小米如果抓住这个机会，实现国际化的发展目标，那么未来小米的起点将更高，发展的前景将更加广阔。

远大的理想：
<u>让全世界都知道小米！</u>

"苹果是他的初恋，是他借以改变世界的工具。"当乔布斯这个完美主义的偏执狂带着他的利器 iPhone 和 iPad 征服世界时，遥远东方的另一个国度，他的粉丝雷军向乔帮主发出了挑战：我们要用小米征服世界！

40 岁的雷军雄心勃勃复出创业，通过一款叫作"小米"的手机把中国的手机行业和移动互联网江湖搅了个翻天覆地。在雷军身上，我们就能看到一种颠覆自我、不断创新的精神。

雷军创办小米科技，目标很明确，就是要做软件＋硬件＋移动互联网"铁人三项"的公司。相比于传统的手机行业，哪怕是苹果、三星这样的企业，这也是一种颠覆。

苹果 iPhone 在硬件方面独树一帜，以简约的外形、方便的操作体验而迅速风靡全球。iPhone 独家的 iOS 操作系统，有别于之前诺基亚的塞班，以及微软的系统，更加适合手机使用。直到后来谷歌开发出安卓，才能与之一较短长。但是 iPhone 最大盈利来自硬件销售，这就决定了公司不会把更多的精力放在其他方面。

小米则不同，如果一味模仿苹果，那么小米肯定没有机会。但是雷军发现了移动互联网时代的巨大商机，小米不仅仅要做苹果，更要做亚马逊，而且还要做谷歌这样的开发者平台，这样小米才能真正成长为一棵参天大树。

小米科技创立之后，最先做的不是硬件，而是 MIUI 系统。这个深度优化的安卓系统，在短时间内就有了 2000 万注册用户。更重要的是，MIUI 在开发过程中完全互联网化的全新工作方式。MIUI 会根据网友的测评以及用户的意见，每周更新版本。这在全球都是唯一的，MIUI 是唯一一个每周更新的手机系统。

从总体上看，小米的颠覆与创新主要表现在以下几个方面：

第一，雷军创业把握住了移动互联网飞速发展的机会，坐的是顺风车，顺历史潮流而动，所以在开始的时候就成功了一半。

第二，摒弃了以前做软件行业一切都靠自己打拼的工作方法，充分利用可以利用的资源，比如小米最为成功的 MIUI 系统就是安卓这个开放系统的深度优化版本。

第三，充分利用互联网的优势，调动发烧友和粉丝的积极性，通过小米论坛充分吸收粉丝的意见，每周更新最新的版本。

第四，小米手机研发团队永远走在时代的最前列，用最好的硬件、最优的技术，生产性价比最高的手机，不过它们并不自己生产，而是完全通过代工的办法，扬长避短，成为效率优先的最佳典范。

雷军认为，乔布斯颠覆业界规则并不仅仅是 iPhone，更重要的是他重建了整个行业的游戏规则，建立了自己的苹果帝国。而雷军不仅开发了对短信和电话做了速度提升的手机操作系统 MIUI、拥有超过 1700 万注册用户的米聊，而且还有过去 3 年在移动互联网产业链上完成的最为系统化的布局。

这一布局包括投资拥有两亿注册用户的移动互联网入口 UCweb、移动社区乐讯等，以及拥有一群肝胆相照、在各个公司独当一面的创业家们组成的"兄弟连"。更重要的是，雷军还拥有小米手机这一硬件平台。这一切，都可以成为雷军构建属于自己的移动互联网王国的基石。

小米的知名度原本是最难解决的问题，但是因为小米科技先做了MIUI的操作系统，已经有2000万的注册用户。而且在各大论坛、各种网站，小米一直保持着高曝光率，所以知名度反已不再成为问题。而小米1第一次网络销售，仅仅5分钟就卖光了30万台，充分说明了小米先做系统后做手机的成功。

至于售后方面，小米则大力组建售后客服团队。小米公司一般的都是客服，甚至雷军等高管一开始都每天在线回答客户问题。小米手机发售之后，也立即在全国主要城市建立小米之家，解决客户上门维修的问题。

当然，如果小米手机仅仅是靠网络销售降低成本，以及销售附件及周边产品获利的话，那么企业很难发展壮大。其实雷军之所以肯倾全力发展手机业务还有一个没有告诉别人的关键点，就是为了抢占移动互联网的入口。

当年IBM电脑捆绑微软的Windows系统，成为PC时代最大的赢家。进入互联网时代，门户网站雅虎、搜索引擎谷歌，以至于后来的Facebook等社交网站先后作为入口，获取了巨大的利益回报。那么移动互联网时代的入口又在哪里？

雷军投资过UCweb，投资过YY语音，也投资过许多电商网站，他发现最终的入口不是浏览器，不是SNS，也不是那些知名度最高的应用，最终的入口还是手机本身。因为其相对于PC的便携性，手机能够彻底改变人们在移动互联网时代的生活。这也是雷军宁肯不赚钱也要占领手机市场的原因。

有投资人曾经这样评价小米，说小米在观念上比其他企业快两年半，在技术上比其他企业领先一年半。可见观念上的颠覆和创新远比技术上的颠覆和创新更加重要。

小米"铁人三项"的第三项如何实现,已经有目光敏锐的人看出了端倪。那些雷军曾经投资过的企业,恰为小米发展移动互联网早早做好了准备。

　　使用小米手机,上 UCweb,在凡客、乐淘购物,用多看阅读读书,玩金山开发的手游,办公有 WPS,储存有金山云,如果觉得手机屏幕小了,还可以外接小米盒子连通小米电视。线上消费可以使用小米米币,线下可以用拉卡拉支付。如果说移动互联网将改变我们的生活,那么,最先改变生活的将是小米。

　　现在对小米来说,最重要的是销售更多的手机,占领更大的市场,这样以小米为入口的产品才可能随之发展壮大。所以,小米除了"铁人三项"之外,更需要国际化。只有全世界都知道小米,才能实现雷军建立世界一流企业的梦想;也只有小米成为国际品牌,小米才能真正与苹果、三星一样改变我们的生活。

　　从这个角度来说,小米颠覆的不仅仅是手机行业,也不仅仅是移动互联网,更重要的是颠覆我们在移动互联网时代的生活方式,创造全新的生活体验。

第十章
小米也许比我们想象中更强大

小米一直在进步，至于小米究竟有多强大，
也许只有时间知道。

第一个青春是上帝给的，第二个青春是靠自己努力的；奋斗的时光，永远青春不老。

交锋阿里:
巨头当前,小米仍有优势

　　小米手机火了:2013 年年末最后一轮开放购买,据小米公司在 Facebook 上发布的消息显示,香港一万部红米手机 36 秒内便抢售一空。这种火热的销售场面,至少已经连番上演了一整年。站在经济年度人物的领奖台上的雷军,春风得意之时,实际却还是被阿里压着一头。

　　这一次央视经济年度人物盛典中,作为嘉宾给新人颁奖的,不是别人,正是马云。

　　颁奖会上热热闹闹的 10 亿赌局,据雷军自己的看法,这是进了"圈套":登台领奖前半小时,雷军自己才知道导演组把自己和董明珠有意安排在一组,沟通中要特意安排格力、小米作为传统和新经济代表互动。雷军说,当时自己看到马云来了,立刻预感情况不妙,"再看看安排了马云、王健林这对'打赌二人组'颁奖还要加入讨论,我心里当时就是一紧"。

　　雷军明白过来,"坏了,这分明是要让我和董明珠当众掐架啊"。在有着"营销女王"美称的格力董事长董明珠面前,雷军只能甘拜下风,说到辩论聊天、谈判交锋,雷军的口才只能是给董明珠"跪了"。

　　有意思的是,这件事媒体热议完,新闻热度刚退烧两天,雷军将自己的"笨嘴拙舌,豪言超越格力 10 亿"这笔新闻账,捎带到马云的头上,似乎要把口才上吃的亏,全部从笔下夺回来。

在雷军的笔下，小米只是"小公司"，在马云这样的营销出身的老大哥面前，工程师出身的自己和他们比口才，是要"跪了"。言外之意是，比产品做实业，自己未必就低人一头。雷军眼中颁奖会上的马云似乎一上来就咄咄逼人，抛出"买手机看人品"的观点，言语中充满了某种火药味。

即便行文到最后，作为同行，自奉长跑型选手的雷军，还不忘狠狠地暗中黑马云一把："马云是用很苛刻的方式，从批评的角度，也在帮助提携我们。"

其实，从台上到台下，从言语到文章，深埋于细节里的"对决和争锋"，自从马云宣布阿里进军移动互联网时，到今天就已不可避免。小米和阿里之间的剑拔弩张程度，相较阿里直接封杀微信支付端口，白刃相争，这已经是难得的和谐局面了。这也只是因为阿里巴巴的帝国，主营的业务是电商，更偏向渠道，小米和阿里的移动产品，长期维持着低烈度的对抗趋势，斗而不破。

马云的阿里和雷军的小米的恩怨，还要从 3 年前说起。

2010 年，云计算的概念开始成为互联网的前沿领域，而乔布斯的苹果 IOS 系统下的应用首先成功商业化。苹果移动设备和应用模式推广，迅速消解了传统互联网和非智能机设备的市场优势。这一年，苹果超越摩托罗拉成为美国最大的手机制造商。按照全球手机出货总量计算，苹果在全球手机市场的份额已达到 19.1%。

在中国市场上，在移动互联网蓬勃发展的压力下，诺基亚塞班系统开始全线溃退，国内市场短期内各方势力都开始向智能机市场和移动互联网寻求新的机会。从深圳电子市场"华强北"一夜之间撤退出来的手机硬件厂商，都涌向了智能机市场。

被挤压了利润的 GSM 手机厂商的冲动，世界工厂成熟的制造工艺，苹果和三星公司在中国的混战，刺激了网络运营商敏感的神经。既然靠软件发家，不懂硬件和程序的乔布斯可以统领苹果成功，谁又不能成功呢？素来布局上先人一步的马云，在空气中嗅到了商机。

在苹果发布 iclcud 鼓噪云概念之后不久，2011 年 7 月 28 日，早就坐不住的马云让旗下的阿里云抢先推出其云操作系统手机。这款看上去像是模仿诺基亚的手机是与天语合作制造的。阿里云总裁王坚宣称应用与服务来自云，而不是苹果和谷歌系统的 APP 客户端。

据说，阿里云手机给了马云深深的震撼，马云说，自己第一次玩手机超过 15 分钟，以至于在深夜错过了登上飞机的时间。上飞机前王坚问马云在哪里，马云说要云北京，就快登机了。王坚说，停一会，看一下阿里云手机。晚上两点，王坚再次给马云电话，马云说自己误机了。马云一时逢人便展示阿里云手机前所未有的业绩：在天语官方旗舰店上架 15 分钟卖了 1000 多台。

不过，3 年后，马云再也高兴不起来了。因为几乎就在同时，雷军的小米还在研发样机的阶段就已经吸引了业界和米粉们的眼球。至少在一款手机还没出之前，造势于营销口碑的做法，马云是不屑更不为的，毕竟在言语造势、说服别人方面，马云的才能无与伦比。

小米手机一出世，就咄咄逼人，2011 年 10 月底小米手机上市第一个月总共只卖了一万台。到 2013 年年底预计超过 300 万台，翻了 300 倍，营业额可能突破 50 亿人民币。至于所谓阿里云手机的市场份额，几乎可以忽略不计。

马云在这边宣布自己未来可能要用 10 年的时间开发云概念，雷军那边则揭露，1000T 存储空间的云手机是噱头。小米的手机爱好者在那里发帖发烧，而阿里云的用户也在一边敲边鼓，双方一时为了手机的性价比争议不断。

尽管第一阶段围绕手机设备的性价比的斗争，以雷军胜利告终，然而马云并未甘心。在小米手机发布第二款产品不久，趁着雷军在移动互联网生态链上立足未稳、基数少的劣势，马云则大胆布局，在定位服务、社交网络应用，乃至互联网电视盒子、路由器等方面持续发力。

而且，马云吸取了硬件落败的教训，改而以兼并新浪微博、高德等大批互联网创业企业获取竞争力优势。在不到半年的时间里，阿里巴巴的半壁江山，开始变色。相反，雷军在移动互联网上的扩展要缓慢得多。

在马云宣告以"来往"对抗微信之时，雷军除去开辟了一个相对规模较小的小米商店，充实了 APP 应用市场的份额以外，硬件占利润份额过大，核心竞争力下降的问题越来越凸显。随着盛大和华为也开始试水更高性价比、更华丽设计的产品，在网络上卖手机不再是秘密。新上市的华为荣耀3C，甚至以"为退烧而生"以便宜一元的价格，和红米手机争夺互联网人群的市场。同小米最初上市时的惨淡经营和现在的物流不畅、缺乏实体服务后劲不同，前者在网上第一天的预约人数就达到138万，这是雷军做小米26个月中，曾经的一个峰值。

号称不做硬件直接加工的阿里云手机，虽然曾经被谷歌封杀，可如今阿里手机操作系统界面改进后卷土重来，更加简洁、清爽。马云在手机上重新复制了兼并合作的手段，与卓普、夏新、基伍、康佳、小辣椒5家终端厂商进行战略合作，出了卓普小黑、夏新大咖、小辣椒 M1Y 等多款搭载阿里手机操作系统的新机。在不声不响中，借助小米手机的竞争对手，那些终端厂商展开了对小米的围剿。至少在相对小范围的人群内，这一战略已经取得了效果。

2013 年马云在杭州宣布自己退休的发言中，誓言要对阿里巴巴进行移动互联网改造。在马云暂时退居幕后的一段时间里，阿里巴巴的移动大跃进也已经开始。总体而言，马云的重心还是在推广淘宝、支付宝等终端应用，移动终端始终是阿里帝国产业链的核心要素。至于手机和其他的社交应用，短时间内还只能说是阿里帝国的偏师。这支"偏师"的价值，也许本身就不在小米的手机上，而是在雷军的弱点上——在移动互联网的生态链的社交网络上的战略优势。

人们曾经柜信苹果靠 iOS 系统应用也许可以独霸天下，事实证明，现如今在移动互联网上走得最远的还是开发了安卓系统的谷歌，虽然收购了摩托罗拉的谷歌手机和平板并未取得硬件优势，但在应用商店和广告营收方面，谷歌的社交应用的影响越来越大。而脱胎自苹果模式的小米，在热度逐渐开始消退之时，可能遭遇马云帝国的更深层次的阻击。

一旦未来雷军小米的硬件价格优势，在山寨手机市场的竞争下消解到一定水平，在应用上受制于人的小米，即便能够在服务上过关斩将，最终也要在全部的生态链前端面临阿里帝国布局的威胁。

对于雷军而言，要想取得苹果的成绩，看起来任重道远。等待他的，必将是一场更加可怕而艰难的厮杀，在 2013 年的中央电视台经济年度人物上谈笑风生，斗智斗勇的马云大哥和雷军兄弟狭路相逢的那一天，也许并不太遥远。

百度的威胁：
威胁在哪里，就朝哪里学习

在 2011 年 8 月 16 日小米手机的第一次发布会上，作为小米科技 CEO 的雷军，在台上做出一个骇人之举：

雷军声嘶力竭地说："1999 元是封喉价。"然后用手从自己喉咙处快速划过，接着雷军的话题突然一转："腾讯、百度怎么赚钱，我们将来就怎么赚钱。"

从雷军做天使投资人的第一天，腾讯就已经是其公开的对手了。不过，雷军这番话又暴露出他对百度的野心，这还是头一次。仅仅在几个月前，雷军还有说有笑地感谢李彦宏为他的产品做了免费广告。

正如马云曾经评价百度说，李彦宏并非是没有威胁的对手。阿里巴巴在企业级别的业务上，从手机到搜索、再到互联网电视盒子，一路布局，一路也都有百度跟踪而来。在李彦宏发表"狼性讲话"不久，原本被看成是单纯的传统搜索巨头的百度，越来越向移动互联网的基因突变方面变化。

在雷军的小米手机开始"发烧"之夜，李彦宏的搜索事业正走向全盛时期。2011 年中国互联网络信息中心发布的《中国搜索引擎市场研究报告》显示，截至 2011 年第三季度，搜索引擎用户规模达到 3.96 亿。百度搜索的市场份额达到了 78.0%，在中国搜索引擎市场上一枝独秀。曾经最强大的对手谷歌的市场份额则迅速弱化到无足轻重的地步。

百度称霸的时刻，可能连雷军也不会想到，此时的李彦宏口头上不看好移动互联网，宣称百度不做手机、不做硬件，甚至断言互联网公司做手机不靠谱，另一边却正在筹划开发百度的手机操作系统。这个手机操作系统，延续云概念，整合了百度云服务，用户使用所产生的服务增值收益，与硬件厂商分成。定制手机中内置了百度搜索框、云服务以及地图、身边、掌上百度、易 Ting、易阅和输入法等百度应用。

如果李彦宏就此止步，也许对于雷军而言，最多不过是各有各的打法，井水不犯河水，但李彦宏分明走了一条更加具有长期威胁的道路。2011 年，大多数人没有意识到，移动搜索市场近于 100% 的增长率，其实已经让百度的思维，发生了根本性的转化。此后，李彦宏高调发表"狼性企业文化论"，目标直指移动互联网，原来游学海外的百度贴吧创始人俞军被李彦宏悄悄召回，开始负责百度的社交网络业务的策划和布局工作。

李彦宏动作不断，到 2013 年，在移动领域，百度开始布下地图、网盘、语音助手等多枚棋子。百度投资的百分之百数码科技公司，则开始制造"百度云 ROM"手机、平板，同样在用互联网营销卖硬件。

在和 360 大打营销宣传战之机，百度还完成了对于所有移动互联网科技公司最具威胁性的一步。掌握着大量现金的百度公司，以 19 亿美元收购 91 无线，摇身一变，成为中国最大的移动应用产品提供商。一群人仍对百度突然在移动收购上减慢步伐议论纷纷之时，却不知道百度已经在另一个被忽视的领域，制造出了笑傲群雄的威胁。

实际上，收购 91 无线从长远看对于硬件依赖型的移动网络从业者而言，百度是做了一件近乎釜底抽薪的事情——中国移动网络领域 70 万开发者已经被百度网罗，成了中国移动开发者圈子的第一号军团。可以说，这一步，已经让百度抢到移动互联网最核心、最不可复制的智力资源。

对智力资源，或者说人才的垄断，团队上的先发优势，对于所有有志于移动互联网开拓的人都是绕不开的威胁。对于雷军而言，百度在移动互联网上的攻城略地，则是十足的威胁。

百度副总裁李明远下棋的逻辑很简单："谁控制了分发渠道，谁就控制了开发者；谁控制了开发者，谁就控制了移动互联网的生态系统。"

李明远抛出的渠道控制论，自然毫不犹豫地迟早要拓展到移动互联网的所有角落。这就意味着，百度的下一步一定会向所有可能具有渠道性质的环节踏出。对于雷军的小米手机来说，小米并非传统的硬件生产商，而是一个控制了渠道和设计的网络企业。对于百度而言，小米手机差不多等于控制了向米粉们分发产品的渠道商，毫无疑问，这必定是百度即将攻打的目标。

在雷军创业初，最让米粉们"发烧"的，还是那连串的研发人员头衔，各个大牌厂商光环的工程师。200人的精英团队，是小米手机向外界证明品质的终极保证。这一点，差不多也是小米最大的优势。问题是随着时间的流逝，这种优势正在悄然变成一种劣势。

在小米的团队中，林斌是谷歌研究院的副院长，洪锋是谷歌高级工程师，黄江吉是微软工程院首席工程师，黎万强是金山软件人机交互设计总监、金山词霸总经理，周光平是摩托罗拉北京研发中心总工程师，而刘德是一位自世界上顶级设计院校 Art Center 毕业的工业设计师。不过，在谷歌的安卓系统技术负责人投奔小米前，除去雷军外，没有一个人具有互联网渠道控制的经验。这就是说，雷军的团队，基本上还是工程师的基因。如果小米手机要进一步向移动互联网的应用市场扩散，毫无疑问，必将面临缺乏人才的困境。被百度控制渠道，寄人篱下，仰人鼻息的悲剧性场景，并非虚构。

要知道，正是因为诺基亚和摩托罗拉在硬件上的过度自信，才让乔布斯得以成神。借助传统手机厂商没落期的混乱，趁势而起的雷军，也是利用了自己的网络敏感得以聚拢人才的。趁乱而起的英雄，难免会因同样的原因，被别人颠覆。显然在网络上走得更远、布局更快的百度，的确是具有颠覆小米优势的可能性的。要知道百度不但在云服务概念上走得很远，它同样醉心于类小米的rom、界面设计，同样开始搞软件和硬件结合，同样计划推出平板、路由器和同类产品。

一旦百度在互联网的布局成熟，难免会倒戈一击，直接到手机的领域里抢夺小米的市场份额。而在互联网上，小米商店在91无线的强大实力面前，也只能是进展有限。脱离了手机端基数优势的小米，在开放的安卓系统下，很难抵挡APP巨无霸的冲击。

在小米的开发空间日益逼仄之时，百度突破瓶颈自然会将资源和机会进一步压缩在狭小的范围内。这意味着，在渠道被百度战略控制的那一天，差不多也将是小米不得不背水之战的一天。百度的威胁，也许是所有"小米科技"面临的移动互联网威胁中，最大的一个。短期在雷军和李彦宏之间的和谐互利，也许很快就会因为各自在移动互联网的争夺节奏的改变，最终刀兵相见。

摆在雷军面前的问题可能是，这个时刻，要多久才会到呢？也许在他喊出要像百度那样赚钱的时候，这种野心和羡慕的言语流露，本身就证明这一天的到来并不会太久远。

小米与腾讯：
竞争是必要的，合作更有意义

  2011 年 7 月的一天，金山公司的创始人，WPS 软件的开发者求伯君正式宣布隐退。这并不是一个意外，至少在金山内部看来，走到这一步只是个时间问题。二号元老，最勤奋、最努力的雷军接手金山，虽说并不是每个人都心甘情愿，但至少在业界眼中，这是众望所归的。

  常言道，士别三日当刮目相看，更何况雷军从金山公司的舆论场撤离，到如今已是 3 年。即便金山看上去在移动互联网时代显得进退踟蹰，但求伯君和张旋龙使金山成功上市的光环还没有完全消退。虽然，上市融资方面雷军功高一筹，但这个光环多多少说明雷军曾经的失意。

  现在，一切都开始峰回路转。求伯君退休的最后一场晚宴上，闪光灯下，欢声笑语，一派和谐，眼前的雷军，似乎没多少变化。和 3 年前相比，雷军身上只是多了个更耀眼的身份——拥有卓越网的成功天使投资人，但在一团和气背后，现在的雷军分明已经不是当初的雷军了，举手投足间，有着非同一般的底气，俨然金山英雄的做派。在媒体人的眼中，自信满满的雷军如今这般"阔绰"，关键是因为腾讯来了。马化腾出现在了金山大楼内，这一次的晚宴金山创始人们和腾讯坐在一起。

  雷军参加晚宴的背后，是一个听上去像是带着点魔幻现实主义的"狮子和秃鹫"式投资合作。10 年前，那时候真正的"狮子"，是金山软件。

而 10 年前的马化腾正过着最艰难的日子，在软件巨头主宰一切的时代，他看上去只是个不起眼的，只配接受"残羹冷炙"的角色。在跨国风投巨头 IDG 准备套现出手腾讯时，他曾经找过金山软件，而求伯君和雷军那时对于即时通讯 IM 模式基本上是"看不太懂"，于是最终放弃了 QQ。

10 年后腾讯成了真正的互联网霸主，中国市值最大的互联网公司，小角色进化成了业界雄狮。而曾经的狮子——金山软件，即便说瘦死的骆驼比马大，然而体量最大也不过是一只"秃鹫"。金山在 10 年间，尽管开发出了金山毒霸，在互联网的所有边界都有所拓展。但其软件根本 WPS，却随着兼容度软件的开发成本降低，逐渐随着微软公司的没落，走向暗淡。现在轮到腾讯入股金山了。这一次，求伯君和张旋龙以 15.68% 的持股比例的优惠条件，让腾讯成为金山软件第一大股东。

尽管有过不少企业和腾讯合作的成功范例，金山始终还是对于马化腾并不放心。大约为了平衡腾讯的影响，作为"秃鹫"的求伯君和张旋龙，需要作出妥协。此时，一个既能够在两人退休后代表金山的元老势力，又能在董事会上"镇"得住腾讯的人是最需要的。在求伯君、张旋龙不下 30 次的沟通邀请下，雷军终于风光出山。

"我应该是没有参与。"这是雷军对腾讯入股给出的答案。言外之意是，自己成为金山的掌门人和腾讯入股之间，没有任何因果关系。自己的上位，只是金山内部事务新的开端。

可至少在外界眼中，雷军并非腾讯的陌路人。在腾讯决定进军安全领域前，雷军就联系过马化腾。3Q 大战后马化腾转而与金山网络合作，联合发布 QQ 电脑管家与金山毒霸等产品。在腾讯入股这件事情上，雷军既没有肯定也没有否定，由于老股东配售不需要经过董事会，无法干预出售股份给谁。不过雷军依然表示，"感谢他们选择对金山有价值的股东来减持"。

事实上，求伯君最后选定雷军，而不是自己的亲信，可能有别的考虑。毕竟，从投资关系看，雷军谈不上和腾讯是"亲密的"合作伙伴。一直以来，作为天使投资人的雷军，就和腾讯"若即若离"。偶尔他的目标公司，还会和腾讯短兵相接，发生公开直接的冲突。雷军先后投资的 YY 语音、UC 浏览器、小米科技等，几乎在各个领域都和腾讯展开激烈竞争。UC 浏览器创始人俞永福甚至多次公开指责腾讯抄袭。

2011 年，在《计算机世界报》那篇轰动一时的文章中，曾经也拉雷军的两篇微博背书：

"腾讯的强大已经堪比 20 年前的 IBM、10 年前的微软了，这是我们尊敬马化腾的原因。我觉得马化腾的模仿创新只要是不违法，也没有关系，微软当初也是这样的。只是，假如腾讯强大的代价是扼杀了产业的创新、破坏了产业的生态链，那么等待腾讯的可能和 IBM、微软一样：反垄断法和反不公平竞争法。

"腾讯已经成就了一代霸业，马化腾已经成为这个时代的霸主。但强大如罗马帝国、强大如大秦王朝，都有衰落的一天，这是自然规律。长江大浪推前浪，前浪死在沙滩上，这就是人类社会进步的动力。关键点在腾讯会因为什么原因、会在什么时候衰落，这值得我们大家琢磨！这就是我们创业的机会。"

有人说这是雷军第一次对腾讯的战书，也有人说，这是雷军对腾讯的尖刻而不失公正的批评。但事实是，这是雷军第一次在社交平台上澄清自己和腾讯的真实关系：竞争与合作。

在这篇文章出现不久，雷军的小米科技公司创业团队已初步成形，大概没有人会想到在不到 15 个月内，这是小米科技会招募到 200 人加入。

雷军这一次是真正的出来要创业了，而作为创业者，显然是不可能一开始就具备挑战业界霸权的资格的。在求伯君和张旋龙筹划雷军复出的时候，雷军大多数的时间已经不做天使投资，而是集中精力在小米手机上。雷军说："我40岁前已经干了不少事：卓越卖了、金山上市了、天使投资也不错，但我迷茫了：18岁的理想一直没有实现，觉得心里不踏实，如果输了，这辈子就彻底踏实了。"迷茫中的雷军，其实很大程度上正有向腾讯靠拢的倾向，毕竟孤独的创业者，总是需要更多的心理依靠。诉诸权威的垄断法或者寄希望于新陈代谢的规律，就成了雷军的信心之源。

雷军创业正酣，自然对于金山的业务的关注也是有限的。在腾讯入股金山晚宴的胜利温馨气氛后，雷军向外界透露自己的小米不会和金山合并。另一方面，雷军创业前，在互联网的世界里，他已经不是一个简单的参与者了：眼前的互联网世界，早已过了群雄逐鹿的时候，接下来与腾讯正面起冲突的，势必会有在移动互联网已经初步布局的小米科技。

"选好风口，猪都能飞上天。"这是雷军经常说的一句话，雷军显然不是说说而已，在外界仍在揣测金山将成为雷军的移动互联网载体之时，却没有想到一年的时间里，雷军已为小米进行长线布局，毕竟看似模仿苹果布局的小米，正如当年腾讯一样，从另一个层面有着超越今日腾讯的巨大机会。

"我确实有不少业务和腾讯竞争，但是在今天的江湖里面，可能每家都要用开放合作的态度来看待市场变化，既竞争又合作是未来所有企业面临的话题。"雷军说。在外界把小米和腾讯对立的时刻，谁也没有想到，第一个出来打圆场的正是雷军自己。雷军"作为金山董事长，为了保证金山立场和利益最大化，该出手时还是会出手"。雷军同时指出，如果金山业务和他投资的业务有冲突，金山拥有独立董事制度保障利益关联，同时将通过信息披露的方式维护股东利益。

一年后2012年全球移动互联网大会在国家会议中心召开，作为小米科技CEO的雷军坦言，自己最得意的产品之一米聊，输给微信很正常，但是很骄傲，因为和腾讯竞争不是一件容易的事情。

雷军认为互联网制胜的关键是单点切入，一点点长大，他认为只有这样的业务才能够生存下去，才能做得比较好。而在单点切入的时刻，显然是不适合四面树敌的，雷军总结过自己和对手的经验："我们在做每一个产品的时候都是先寻找一个有很大用户需求的点，一点点地扩张开来，一点点做这点是大家很重视的。实际上互联网企业都是一点点长起来的，腾讯、百度这样的企业都是一点点长起来的。"雷军在台面上强调和腾讯的合作诚意，也是为自己的营销口碑和宣传铺路。在小米宣布 799 元的"红米手机"品牌时，这款手机通过腾讯旗下的 QQ 空间进行首发，QQ 空间是此次红米首发的唯一入口，而从支付到物流，再到售后的全部服务环节都由小米公司完成。

大概正因为雷军在台面上的让步，单点切入的小米，才能够借腾讯的用户基数优势，得以大张旗鼓地推进。谷歌曾经也进行过纯粹的网络营销，最后却被证明是失败的，而雷军定位千元机的低端市场时，真正的底气优势，其实还是在空间用户的庞大数量积蓄和网络上。尽管外界对于红米手机的利润知之甚少，不过以低端智能机的平均利润率计算，红米带来的利润仍然十分可观。可以说，与腾讯的合作，的确让雷军获得的利益更大些。对于没有自己的制造商、销售和制造分开、完全依靠网络口碑的网络营销来说，最大限度地利用网络渠道，才能获得最好的效果。

在微信成为腾讯的新主打产品后，尽管雷军创制的小米生态产业链和微信的产品之间存在激烈的竞争，甚至在用户上完全是直接的竞争关系，但是因为小米的硬件基础，一切看上去又只是枝节问题。小米的移动应用，更是抛弃了乔布斯的封闭的应用开发模式，在共同合作开发的基础上，小米和微信的平台是互相开放的。这一点保证了双方在偶尔刀尖相碰之时仍然能够保证各自的市场份额和用户不发生竞争。

可以想见，未来这种既有竞争，又有合作的关系，还将在雷军和马化腾之间延续下去。在移动互联网的新时代，利益和情感的纠葛也许还将持续下去，而双方的合作和共同分享的互联网精神，也许会走得更远。而这也许才是雷军的本意。作为一个成功的天使投资者，一个怀着硅谷梦想的人来说，竞争是需要的，而合作却更有意义。

迎战 360：
绝不按常理出牌

在当今的移动互联网江湖里，雷军公开的"敌人"只有一个：奇虎360科技有限公司董事长周鸿祎。在小米手机的发展史上，同360和周鸿祎本人的恩怨，堪称雷军创业酸甜苦辣、人生五味杂陈的象征。

2012年，360咄咄逼人，公开"叫阵"小米。作为互联网的"战争之王"，从2011年下半年开始，周鸿祎就在移动产业链的上下游全面备战，四处行动，蚕食鲸吞别人的蛋糕。

在开战的对象上，周鸿祎可谓费尽心机。在安全领域上完成最后的霸业，也为移动安全领域的推广做好铺垫，周鸿祎首先将刀锋指向了中国最大的互联网企业——腾讯。整个2010年互联网最重大的事件，就是360安全卫士和腾讯安全管家拦截和卸载风波。3Q大战，一度导致一贯垂拱而治的工信部也不得不出手调停。

在此后的近一年时间里，周鸿祎先后跟马云、马化腾和李彦宏等互联网大佬挑起一系列的口水战。但多数时候，都是雷声大，雨点小，君子动口不动手。移动网络时代第一次战争，硝烟还未散尽，腾讯和360的争讼还未有结局，活跃的周鸿祎两年后再度挑起了第二次大战。

周鸿祎将重点定位在移动终端硬件和应用上来。这一次360盯上的不是别人，正是雷军和他的小米公司、小米手机。

周鸿祎将"枪口"瞄准了雷军："我承认，我把小米的问题抛出来，这是竞争的手段，但我没有造谣和无中生有。我这是阳谋，不是阴谋。"但对于雷军来说，周鸿祎搞的不啻一场出乎意料的突袭。

　　18年前，周鸿祎还只是中关村一个小工程师，而他的湖北同乡雷军，则已经是风头正盛的金山公司的总经理。因为两人的妻子都在方正工作，又是同乡，周鸿祎托人办事请雷军吃饭，一来二去，两人成了无话不谈的朋友。

　　周鸿祎离开方正后创办3721，对手是百度，从此在互联网领域声名鹊起。雷军则继续在金山耕耘，参与创办了卓越网，对手是微软。差不多就在同时，周鸿祎卖掉了自己的3721，雷军卖掉了卓越，变现后致富的二人，还一同邀请他们共同的朋友方向东庆祝。

　　2006年，周鸿祎创办奇虎公司，360杀毒项目增长迅速。2011年，奇虎360成功在美国上市，原先周鸿祎自认为有着技术优势的搜索领域，却始终没有什么起色。雷军带领金山软件主打游戏，在上市后72天即2007年12月淡出金山，跟在互联网理想中受挫的周鸿祎一样，做起了天使投资人。他还跟周鸿祎共同投资过一家游戏语音公司。

　　一个受挫于强敌，一个郁郁寡欢，按说同样在互联网领域不得志的两人应该是越走越近，孰料想，两人17年的友谊正走向尽头。

　　在小米公司"发烧"8年后，2012年5月初，周鸿祎也宣布要做智能手机。周鸿祎给自己的智能手机团队定下标准：手机配置要向小米手机看齐，由华为等手机厂商按照360提出的方案做，价格要比小米手机标准版的1999元低至少500元。

　　360手机单独向360安全产品用户销售，被称作"特供机"。跟小米手机一样，也走的是互联网销售的路线。即便如此，这也是正常的产品同构，还不到交恶攻讦。因为，此时的360特供机距离下线发布还有一段时间，而且华为手机本身也是移动手机终端中的三强之一。但让所有人，包括雷军都没想到的是，周鸿祎出人意料地不玩营销口碑，矛头直指小米手机本身的硬件和软件"缺陷"。

周鸿祎率先在微博上转发和评论外界对于小米手机返修率高等质疑。不久后，小米官网贴出了一条爆炸性的截图帖：

"我们要为小米手机的用户，米粉向360讨说法！强烈谴责360及周鸿祎不顾网民利益以流氓手段炮制百度热词攻击小米！互联网是开放、公平、公正的，敬告360及周鸿祎，不要因为掌握的巨大流量就可以为所欲为，就在互联网上当网霸！

"360利用自己的流量优势，故意在其搜索框右侧的搜索热词区域，将'小米返修'排在第一位，并让用户点击该词后的结果'小米手机返修'引向百度，导致'小米手机返修'一词被人为炮制成搜索热词，百度指数最高达20多万，360搜索热词区域的其他热词均引向谷歌页面，唯独将'小米返修'一次恶意指向百度，攻击小米可谓明目张胆。

"360利用流氓的流量优势炮制的百度热词，硬生生创造了一个有关'小米手机返修'的虚假事实，5月18日之前，'小米手机返修'一词都未被百度收录，但随着360利用流量的恶意炮制，直接将该指数拉高到20万附近，给小米公司的声誉造成了巨大的影响。"

在公司层面，小米斥责周鸿祎指使360公司技术人员，炮制小米返修的百度词条，诋毁小米公司荣誉。"网霸""流氓手段"这样的说法，足以点燃互联网江湖的新仇旧怨。在转发了雷军对周鸿祎回应的微博——"骂人吵架做市场推广"，马化腾则评论说：唉！其实他是个演员。剧情、套路、表情每次都差不多。雷总看透了就陪他练到底吧。"

马化腾的帮腔无疑是火上浇油，实际上，雷军和周鸿祎的关系恶化很大程度上和雷军重回金山执掌帅印、腾讯入股有关。自雷军以互联网的方式来做智能手机，阿里巴巴、百度、腾讯、盛大和网易等都宣布要涉足智能手机的消息，雷军也没什么激烈的反应，但周鸿祎说话了，雷军坐不住了。

周鸿祎说雷军是从魅族黄章那里盗取秘籍的"慕容复"，雷军则反唇相讥对方是"东方不败"，炒作抄袭做智能手机。周鸿祎依靠安全领域的优势，占据了移动互联网的流量入口，雷军在社区用户的数量基数上有优势，却是出口，据科技网的林军观察，二人迟早必有一战。

在持续了两个月的口水战后，周鸿祎在雷军眼中让小米最不痛快的行为，开始被雷军曝光给媒体。

第一件事情是，在小米新一轮融资 40 亿美元的计划还在筹备中，谈判还处于秘密之中时，周鸿祎却在微博上透露，小米作价 40 亿美元融资成功。这是故意放出风声，让竞争对手在小米的资金链上作梗，这属于公开的虚虚实实，恶性地狙击小米的融资案。

第二件事情是，周鸿祎借小米手机质量、成本发挥，在互联网与所有人为敌，人品不好。"从里到外的攻击，这种方式还是属于不公平竞争的恶意诋毁。"不过雷军郁闷地说，中国法律拿这个没招，对别人恶意诋毁太弱，因为周鸿祎对于法律的审判拒不执行。雷军略带骄傲地说周鸿祎连着骂了他 29 条微博，而自己只回敬了 28 条。嘲笑周鸿祎的骂战对于小米的销量毫无影响，300 万台的销量，就在骂声中获得了。

另一方面，在大众的网络围观的狂欢之下，周鸿祎骂战声音的分贝在逐渐降低，360 死咬小米手机的包围圈却在暗地里一天天，一步步地收紧。围追堵截小米，已经成了 360 产品的核心工作。新一轮的骂战和口水，也大规模地在两人的微博中出现。砖头和帽子，揭短和比较，成为这一年 360 和小米之间你来我往的插曲。

定价 1499 元的"小米青春版"双核 1.2G 手机放购 10 分 52 秒预订完

15万部,同一天,360推出360特供机1.0G双核华为闪耀,价格也是1499元。小米青春版使用的是高通的骁龙S3芯片（双核1.2GHz），CPU使用高通自行设计的Scorpion架构，综合性能超过标准的ARM A9。而ARM A9正是360首款特供机的CPU架构。

双方PK焦点从CPU厂商能力、手机屏幕大小、内存大小、摄像头配置等细节层面，到最后周鸿祎祭出撒手锏，声称互联网手机的开放策略将帮助收集厂商更好的互联网化。周鸿祎扬扬得意，因为靠着360安全产品近水楼台先得月的优势，360手机助手已经将安卓体系下的几乎所有应用下载的生杀大权掌控到自己手中。下架小米应用，压缩小米手机的移动互联网的生态链上下游的空间，随时随地可能被利用于打击小米手机。

但可以肯定的是，随着小米的出货量飙升，营业收入快速增加，雷军的身价似乎已经不言而喻地突围胜出。但也就在同一年，周鸿祎的360公司也是赚得盆满钵满。对于矢志不渝要用移动互联网的安全卫士的优势做长线、钓大鱼的周鸿祎来说，围追堵截现在看来起到了反作用，追得越紧，小米增长扩大得越快，而就体量来说，移动互联网上相比不到10万销量的360特供机，周鸿祎没有在手机硬件的推销上占到任何便宜，反而被挤出了移动互联网硬件终端的第一阵营。

但从另一个角度说，周鸿祎最初围剿小米的目的，可能本身就是围剿小米那么简单。正如他参与搜狗和91无线的并购，不过是让百度上钩一样。周鸿祎这个惯于在互联网中挑起江湖恩怨的人物，这一次真正的目的也许只是玩一把苦肉计。正如一些人看到的，周鸿祎也许就是以夸张的姿态，怂恿别人迅速地推广占领智能机市场，周鸿祎鼓吹的360移动产业链中的最核心的生态链，靠硬件设备的存量赚钱的目标才能达到。

正如周鸿祎分析苹果和三星的高利润时所指出的那样，打造一个完整的移动产业链是艰难的。诺基亚之所以拼不过苹果，就因为在产业链的完整上，没有走出一条利润链来。而周鸿祎借力的棋子，说不定根本不是自己的特供机。拥有 4 亿以上庞大用户基数的周鸿祎，向来以弱胜强不靠"以硬碰硬"。玩的常常是超乎别人的规则眼光。打破规则，给别人设置规则，放长线钓大鱼才是周鸿祎的技术特色。有着数千万忠实米粉的小米，如果这一块蛋糕可以被周鸿祎利用，那么未来谁最可能笑到最后，还真是犹未可知。两个湖北人，同样的九头鸟，谁将在风云变幻的移动互联网江湖胜出，我们仍需拭目以待。

门徒的崛起：
在战略上轻视，在战术上重视

"业界对小米的看法经历了3个阶段，起初是看不起，后来是看不懂，到现在是赶不上。"小米手机的副总裁，绰号"阿黎"的黎万强如此阐释小米的市场反应过程。

今天，围绕着小米，世界最大的智能机市场格局已发生了剧烈分化。仅以出货量和市场份额、营收规模、利润大小指标而言，小米算不得中国智能机市场的第一梯队。中国智能机高端市场利润基本上被苹果和三星瓜分；小米在中低端市场，体量上暂时也只是小兄弟：联想和华为毫无悬念地是市场中大部分智能手机的制造商。

可是，作为第二梯队中的小兄弟，小米至少有着三大独门优势，这足够让今天的小米掌门人雷军，在竞争激烈的移动互联网终端市场上睥睨群雄。

这3项优势是至今无人超越的：小米门槛、品牌、成长。从正面看，这3项优势是雷军之所以为雷军，小米之所以为小米的标志。在中国手机发展史上，雷军在这3个方面，都创造了前无古人的纪录：第一个在互联网上卖手机，第一个发烧的硬件产品，世界最高速成长的科技公司，3年100亿超越平凡。然而，从另一面看，在这个被称为手机的世界工厂的国度，每一项优势，同时也就是给了同行和非同行、山寨和模仿、追赶和超越、竞争和学习的最大目标。不论成功失败，小米都将成为众矢之的。

当初周鸿祎曾经指责小米定价 1999 的低价模式是一种抄袭和不守规则。小米的互联网手机，被周鸿祎说成是对行业内所有厂家的威胁：小米手机的出世，会让原本就利润微薄的山寨机境况变得更加艰难。周鸿祎分析说，小米爆出一部手机有几百块钱利润。

雷军为此和周鸿祎大打微博战，可这一次"三小"（360 和小米大战）战争的最大战果，一年后才真正让人们看清楚。甚至黎万强本人也还在云里雾里、自鸣得意之时，他不知道，他和他的合伙人上司雷军，到底给互联网市场带来了怎样一场不亚于火山喷发的冲击。

仿佛一夜之间，雷军那句 500 万台销量的感叹就成了智能机的盈亏点平衡公式，而小米手机和名不见经传、赶不上潮流的传统手机制造商的之间的距离，也就是一张薄薄的网络而已。最低销量和网络销售模式，这就是其他所有手机终于看得懂、看得到的门槛。

一夜之间，手机设计公司、山寨手机公司、互联网公司、新兴创业公司纷纷涌入互联网手机领域。原来独此一家、别无分店的小米模式，突然开始聚拢大量的跟进者、模仿者。他们像门徒，或者更确切地说是挑战者，沿着原本崎岖的羊肠小道前进。

老牌手机厂商 TCL、海尔、夏新纷纷试水智能机，但这只是个开始。另一批，完全和小米同质的，完全以小米模式做手机的品牌浮出水面：青橙手机、小辣椒手机、优米手机、蘑菇云手机、卓普、THL 直接以小米忠实门徒自居。

在上海郊区的张江高科技园区，青橙手机公司内张贴"我不是苹果，

225

我是青橙"的宣传画，办公室内，员工们最主要的工作即是在微博及论坛中和网友们互动。

青橙手机 CEO 蔡晓农的目标是："我们希望，2012 年争取能做到 100 万的出货量，明年做到 1000 万。" 1000 万，这是一个多么疯狂的数字，小米手机到明年的预期销量也不过为 1000 万 ~ 1500 万台。

蔡晓农推出青橙手机，从面世到销售都被看成是最像小米的手机。和小米定位在中高端市场不同，青橙手机用户集中在二、三、四线城市，以年轻人居多。

而一个叫小辣椒手机的官网上，"9 月 1 日第二轮 10 万台北斗小辣椒手机预售已售罄"字样赫然在列。深圳则有更多的中小手机厂商在摩拳擦掌。学小米，卖手机，认定电子商务渠道是未来的趋势，这已经成为小米刮起的巨大旋风。

在这众多的后起者中，魅族手机黄章，则看上去更可能在未来让雷军不安。如果就技术的高低水平来看，对技术和细节的痴迷，在体验的敏感和社交网络的营运上，被称为"疯子黄章"的人，更像是一个中国版的乔布斯。

在苹果公司横扫中国手机市场，国产手机哀鸿遍野之时，唯独黄章的魅族手机顶住了压力。在苹果自负的产品质量和体验中，魅族几乎全方位地超越了苹果手机，更让人感到惊讶的是，酷似苹果第二的魅族手机，同样的品质，价格只有苹果手机的一半。而之所以一度没有扩张，只是因为黄章更青睐低调的社交网络营销方式。而这个模式，这种生产手机的方式，正如周鸿祎所言，更像是黄章个人的创造。

但遗憾的是，黄章只是个工程师，并没有天使投资人的眼光和策略。

一直到今天，毫无疑问的是，在品质设计方面，魅族当然优越于小米，但在营销的渠道方面，黄章依然在苦苦地追赶，只能向昔日的"学生"雷军学习。

问题是，黄章的挑战和雷军的反差更多地刺激的是一大批创业者的冒险活动。

曾经在OPPO做蓝光DVD的刘作虎创立了一加科技(OnePlus)，金立则成为独立品牌IUNI的投资方，来自硬件领域的新冒险家们加入到学习小米的模式，建立一个以社会网络渠道为主要模式的"硬件＋互联网"生态圈中。而断言"黄章太土，雷军太笨"的新东方前教师、牛博网的创始人罗永浩，则模仿雷军拉起人马搞出锤子科技。

新一批毫无硬件背景的创业者，则更是明目张胆地提出，既然小米可以做到，乔布斯不懂程序可以做到，雷军再难追赶，总比乔布斯要容易得多。这都意味着2014年混战即将到来，他们唯一的共同目标就是成为小米，或者从小米的份额中夺取自己的一块蛋糕。

在小米的模仿者中，卓普和THL手机采用了线下直营店加线上直销的模式。线下直营店的毛利通常很高，往往是深圳普通手机批发商毛利的5～6倍，开始受到厂商的青睐。这意味着它们可以轻易以低价方式获得更高的毛利率，轻松地夺走2000元以下的智能机市场。

如果套用信息产业数十年来软件和硬件倒逼互动的规律，这些新来的挑战者，对于小米来说，很可能是一次严重的威胁。当小米依靠出货量增加获得高利润之时，硬件普及的速度也在加快，这刺激供货商的关键产品，比如高通的芯片更新换代和价格的下降。然而随着芯片价格的下降，更廉价的智能机产品增加的速度可能要快于小米设计和铺货的速度。在拥有自己的供货商渠道，对电子元件具有议价能力的传统手机制造商面前，小米手机采购渠道，联通、电信的合约机制度，都将成为劣势。

网络渠道和营销成本降低，将不再是小米的特权。新来者则已经开始构建自己的互联网生态系统，挑战和围剿小米，小米正逐渐失去先发的领跑优势。

当然，小米的门徒们要超越小米，真正的障碍还是存在的。在龙旗副总刘渝龙看来："小米最难复制的就是其营销能力。并不是所有人都具备在互联网上呼风唤雨的能力。"小米微博营销人员多达30多人，都是产品经理出身，每天在微博上和粉丝互动。400多名售后客服和公司的研发团队在一起工作，从不外包，小米一整套和粉丝互动的机制已经在互联网中积累了巨大的优势。

小米的用户分布和中国互联网的用户分布类似，其中有80%左右用户是男性，20%是女性，在地域上绝大多数小米用户集中在沿海发达地区。这些地区的网购习惯已经很成熟，因此带动了小米的销量。而传统手机暂时还根本无法直接和网络分布挂钩。

此外，小米赶上了技术更替的关口，时间上绝无仅有的机会，早已过去，即便有人可以复制小米的做法，在多核手机的时代，也已完全落伍。

最后小米和用户互动的资本，更是模仿者难以复制的。雷军曾经指出自己的模式是别人学不会的。其中的秘密在于，正如黎万强所说的那样，小米拥有极高忠诚度和黏性的客户："其他厂商卖出100万台手机，可能只知道5%的用户是谁，但是小米的用户活跃度高达百分之六七十。"相比之下，靠价格在网上卖手机很难走得长远。

"这个市场很大，我们欢迎大家一起进来，用互联网的方式让国产品牌一起做大做强。"黎万强表示。开放的态度，自然是小米愿意摆出来的，而这种表面上的开放，无疑更像是对于挑战的从容。毕竟，小米的短板，缺乏实体服务支持这一点，雷军也在设法补充，这意味着未来要挑战早已成就大业的小米，其难度将再次提高。